1. 2010年3月5日，广东省地税局大企业税收管理局举行挂牌仪式，时任国家税务总局总经济师张志勇参加省局大企业税收管理局揭牌仪式。广东省地税局成为全国第一个挂大企业税收管理局牌子的单位。

2. 2010年9月27日，时任国家税务总局副局长宋兰到广东省地税局对发票在线应用推行工作进行专题调研，对广东地税发票在线应用推行工作给予了高度评价。

1	2
3	

1. 2012年7月24日，省委常委、省纪委书记黄先耀（中）视察广东地税南海税务信息处理中心。

2. 2015年1月8日，"金税三期"工程应用系统优化版上线启动仪式在国家税务总局数据中心（南海）和广东南海税务信息处理中心数据楼举行。时任国家税务总局征管科技司司长任荣发宣布"金税三期"工程应用系统优化版正式启用。

3. 2015年1月20日下午，国家税务总局党组书记、局长王军在广东南海税务信息处理中心视察指导"金税三期"工程应用系统工作。

1. 2015年5月28日，广东省地税局在南海税务信息处理中心召开全省纳服、征管、信息工作会议。

2. 2015年6月29日，横琴自贸片区在新建成的综合服务中心举办"一照一码"领照仪式，横琴地税、国税、工商、质监综合办事窗口向珠海聚美优品科技有限公司等9家企业发出首批"一照一码"营业执照。

3. 2015年10月16日，广东省地税局召开专题会议学习中央全面深化改革领导小组第17次会议精神，研究贯彻落实《深化国税、地税征管体制改革方案》。

1. 2016年6月1日，广东省地税局联合广东省国税局与腾讯公司签署"互联网+税务"战略合作协议，联手打造"智慧税务"。

2. 2016年6月29日，广东省电子税务局（https：//www.etax-gd.gov.cn）一期功能正式上线运行，成为全国首个由国地税共建的省级电子税务局。图为广东省国税局党组书记、局长胡金木与广东省地税局党组书记、局长吴紫骊一起启动广东省电子税务局。

3. 2016年10月18日，广东地税微信办税在广东省直单位工作技能大赛中获得"工作创新"类第一名。

4. 2016年10月25日，广东地税全省通办业务试运行，图为纳税人在越秀地税全省通办窗口办理跨区域业务。

广东地税管理前沿
征管信息化篇

广东地方税收科学研究所 编

暨南大学出版社
JINAN UNIVERSITY PRESS

中国·广州

图书在版编目（CIP）数据

广东地税管理前沿. 征管信息化篇 / 广东地方税收科学研究所编. —广州：暨南大学出版社，2018.3
ISBN 978 - 7 - 5668 - 1737 - 2

Ⅰ. ①广… Ⅱ. ①广… Ⅲ. ①地方税收—税收管理—研究—广东 Ⅳ. ① F812.765.042.3

中国版本图书馆 CIP 数据核字（2018）第 287016 号

广东地税管理前沿·征管信息化篇
GUANGDONG DISHUI GUANLI QIANYAN · ZHENGGUAN XINXIHUA PIAN
编　者：广东地方税收科学研究所
....

出 版 人：徐义雄
策划编辑：陈绪泉　杜小陆
责任编辑：曾小利
责任校对：陈皓琳
责任印制：汤慧君　周一丹

出版发行：暨南大学出版社（510630）
电　　话：总编室（8620）85221601
　　　　　营销部（8620）85225284　85228291　85228292（邮购）
传　　真：（8620）85221583（办公室）　　85223774（营销部）
网　　址：http://www.jnupress.com
排　　版：广州良弓广告有限公司
印　　刷：广州家联印刷有限公司
开　　本：787mm×1092mm　1/16
印　　张：16.25
字　　数：308 千
版　　次：2018 年 3 月第 1 版
印　　次：2018 年 3 月第 1 次
定　　价：65.00 元

编者说明

近年来，在广东省委省政府和国家税务总局的正确领导下，广东地税系统深入贯彻落实党的十八大和十九大精神，坚持以习近平新时代中国特色社会主义思想为指引，围绕率先基本实现税收现代化的目标，以落实中央《深化国税、地税征管体制改革方案》为主线，持续深化税收改革创新，构建全方位绩效管理体系，加强服务型地税建设，开创基于互联网生态的新型征管模式，有力推进各项工作始终走在全国税务系统前列。为了更好地总结经验、明确目标、展望未来，特将广东地税系统在绩效管理、纳税服务和征管信息化等方面积累的创新成果，以及广东地税人勇于担当、敢为人先、真抓实干的故事、感言汇编成册，分为绩效管理篇、纳税服务篇和征管信息化篇出版。在此，谨向对编撰工作给予大力支持的各级领导、专家学者和全体作者表示衷心的感谢。

本书是该系列之"征管信息化篇"，分综述、案例、故事、感言、附录五部分。综述部分收录了自1994年以来广东地税征管改革和信息化建设的主要历程和重大事件，梳理了广东地税人24年的创业脉络。案例和故事部分，收录了近年来广东地税征管改革和信息化建设的探索和实践，展现了广大地税人积极投身税收征管改革和信息化建设的精彩瞬间。感言部分，收录了税务人代表和纳税人代表亲历广东地税征管改革和信息化建设的所见所闻所感。附录部分则以条目的形式收录了近年来有关广东地税征管改革和信息化建设的调研报告、新闻报道。

本书由广东地方税收科学研究所主编，广东省地税局征管科技处副处长杨建军、科研所所长向景参与组织协调工作，广东省地税局陈济华、钟云姗、梁若莲、陈欣亮、陈莹、谢丽文、吴玲玲、李兴蕊、吴澜、余雯辉、谭结仪、詹锦松等参与本书的编务工作。若有疏漏之处，恳请读者批评指正。

2018年2月

目 录 ||||||||||||||||||||||||||||||||||||||||||||||||||||||||||||||||||||||||

【信息化建设】

故事·不忘初心，守得匠心

感言·顺势而为，拥抱创新

附　录

综述·忠诚担当，革故鼎新

创新，只有进行时

——广东地税征管改革和信息化建设历程

1994年，广东地税伴随税制改革大潮应运而生。24年来，广东地税的征管改革和信息化建设历程大致可分为三个阶段。

一、起步与摸索阶段（1994—2001年）

古语有云"万事开头难"，1994年成立后，广东地税克服起步期的重重困难，勇于创新、积极实践，逐步摸索出一条适合自身实际的征管改革和信息化建设之路。

1997年，国家税务总局提出了建设"以申报纳税和优化服务为基础，以计算机网络为依托，集中征收，重点稽查"的30字征管模式。在此基础上，广东地税提出逐步建立"以申报纳税和优化服务为基础，以计算机网络为依托，统一登记，集中征收，属地管理，重点稽查"的信息化支撑下的征管新模式。

按照"先试点、后推广，先城市、后农村"的基本原则，广东地税稳步推进税收征管体制改革三项转变：一是由分散粗放型管理向集约规范化管理转变，以国家税务总局《税收征管业务规程》为蓝本，制定全省统一的税收征管业务规程，为征管工作逐步走向规范奠定基础。二是由上门收税向纳税人自行申报纳税转变，建立纳税人自行申报纳税制度，实行办税服务厅集中申报缴税。三是由专管员包办向专业化管理转变，推行"征、管、查"三分离，撤销原来"征、管、查"一体的地方税务机构，设立登记、征收、检查（稽查）等专业管理机构，实行专业化管理。

为支撑这一时期的征管体制改革，广东地税成立"广东省地方税务局信息服务中心"，承担全省地税系统电子化和软硬件研制开发。按照国家税务总局"一个省一套软件"的思路，自主开发市级集中、全省统一的征管软件"广东地税征管信息系统"（后来升级改造为GDLTIS3.0），实现了传统手工操作向现代计算机操作的转变。计算机在基层税收征管一线的应用推广，彻底改变了以往手工操作的落后局面，有力推动了税收征管工作的现代化进程。

二、发展与变革阶段（2002—2014年）

古语有云"惟进取也故日新"，自2002年起，广东地税求真务实、锐意变革，响亮提出了"二次创业"，率先建立起基础管理扎实、征管手段先进、税收监控严密、寓执法于服务的现代征管制度，实现了征管和信息化建设的跨越性发展与变革。

2004年，国家税务总局在30字征管模式的基础上增加了"强化管理"，形成34字征管模式。广东地税立足于"强化管理"的新要求，逐步建立"以信息共享为基础，以分类管理为核心，以征管流程为导向，优化服务，强化评估"的专业化税源管理新模式。

这一阶段，广东地税税收征管机制体制不断完善。一是建立健全税收管理员制度，按照属地管理原则，落实分类管理要求，细化管理责任，量化工作任务，有效提升了税收管理服务的科学化、专业化和精细化水平。二是印发《广东省地方税务局税源分类管理暂行办法》，按照"抓大、控中、规范小"的原则，推行税源分类管理体制。三是重组征管业务流程，按照"依托技术，基于流程，重点突破，提升效率"的基本思路，优先就基层征管单位与纳税人办税服务直接相关的业务进行重组，逐步实现全省业务规范化。四是制订《全省地税系统纳税评估工作方案》，明确"统一部署、分散采集、统一分析、分散核查"的纳税评估工作方式，成立省、市、县三级评估领导小组及办公室，组建专业评估队伍，提升纳税评估工作的专业性。五是成立省级纳税人服务中心（后发展为纳税服务处），逐步提升纳税服务的规范化和专业化水平。六是稳妥推进稽查体制改革，全省统一实行一级稽查体制，完成市、县两级稽查机关和职能调整，推行交叉检查、电子查账等稽查改革措施。

这一阶段，广东地税的信息化建设也取得了丰硕成果，为税收征管改革提供了有力支撑。一是启用"大集中"系统（广东地税新一代税收征管信息系统），实现税收基础数据省级集中。"大集中"系统于2002年开始设计，2005年在全省全面上线，标志着广东地税在全国税务系统和省直各部门率先建成省级大集中的信息应用系统，对全国"金税"工程和广东省电子政务建设起到示范作用。二是推出全省统一的网上办税系统，逐步实现办税方式由门前办税为主向网上办税为主转变。经过不断优化升级和积极推广，截至2013年底，广东省地税局电子办税服务厅开户率达91.1%，业务受理量占受理总量的78%。三是逐步完善各类税收管理服务系统，实现征管信息化由粗放式管理向优化纳税服务、细化税源管理转型。随着税收分析系统、发票在线系统、建安业和房地产业税源控管系统、税源管理平台、统一短信平台、呼叫中心（12366纳税服务热线）等一系列应用系统的上线推广，税收管理服务上的"连轴驱动"和数据应用上的完整闭环逐步形成。四是完善全省信息化基础建设，建设省、市、县、乡镇四级广域网，南海税务信息处理中心，省级灾备中心，为信息化发展提供硬件保障。五是制定《广东省地方税务局信息系统运行维护管理办法(试行)》，上线省局监控服务台，构建"全省一体化协同运维体系"，保障各信息系统稳定运行。

三、飞跃与创新阶段（2015年至今）

2015年，中共中央办公厅、国务院办公厅印发《深化国税、地税征管体制改革方案》（以下简称《深改方案》），提出了"到2020年建成与国家治理体系和治理能力现代化相匹配的现代税收征管体制"的改革目标。2017年，国家税务总局进一步提出要以推行纳税人自主申报纳税、提供优质便捷办税服务为前提，以分类分级管理为基础，以税收风险管理为导向，以现代信息技术为依托，推进税收征管体制、机制和制度创新，努力构建集约高效的现代税收征管方式。

这一阶段，广东地税深入贯彻党的十八大和十八届历次全会精神，及时总结"十二五"时期全省地税工作，并谋划落实《深改方案》和推进"十三五"时期广东省地税事业改革发展。党的十九大以来，广东地税全面贯彻党的十九大精神，以习近平新时代中国特色社会主义思想为指导，深入贯彻习近平总书记重要讲话精神，认真落实党中央、国务院、广东省委省政府和国家税务总局的最新决策部署，以推进税收治理现代化为目标，以"互联网+税务"为主线，夯实基础，集成创新，明确提出要加快构建电子化办税、大数据管控、全过程服务、智能化提升的基于互联网生态的新型征管模式。

（一）深化"放管服"改革，优化税收营商环境

一是在简政放权上做"减法"。全面推行商事登记制度改革，全面推行"三证合一"、"五证合一"、个体工商户营业执照和税务登记证"两证整合"登记制度改革，在全国率先实现"一照一码"。随着商事登记制度改革的实施，纳税登记户由2015年的567万户增长至2017年的808.27万户，年均增长约21.3%，充分释放市场经济活力。大幅取消行政审批事项，2013年以来取消审批事项59项、下放2项、调整1项。简并办税流程，2017年以来简化流程56项，合并流程14项，取消涉税事项25项，取消报送资料893项。

二是在后续管理上做"加法"。探索实行不确定事项报告制度，印发《广东省地方税务局关于开展不确定事项报告制度试点工作的通知》，从2017年10月起试点，探索提高纳税人对税收稳定性预期，提升税法遵从度，促进诚信体系建设。推进稽查现代化，坚持"做强省级、做实市级、调整优化县区级稽查机构"改革路径，实施"市一级"稽查综合改革试点和分级分类专业化改革；建立"双随机一公开"抽查机制，深入开展行业和区域税收秩序专项整治。2015年至今，全省地税查结案件3 647宗，查补税收收入247.10亿元。

三是在优化服务上做"乘法"。推进国地税合作，以落实《国地税合作规范》为契机，拓宽国地税合作领域，打造特色服务、税收征管、规范执法、信息共享、大企业税收管理和服务以及国际税收管理六大品牌；推进联合办税深度整合，于2018年5月起实行国地税业务"一厅通办、一键咨询"。推动办税便利化改革，全面实施办税事项全省通办，纳税人可突破属地办理限制在公告授权的262个全省通办办税服务厅办理涵盖5大类49项333个具体涉税业务；深入开展"便民办税春风行动"，推出办税免填单、无纸化办理、免于零申报、简并申报次数等创新服务措施，减轻纳税人负担。

（二）转变税收征管方式，提高税收征管效能

一是加快实现事前审核向事中事后监管转变。印发《广东省地方税务局涉税事项事中事后管理办法（试行）》，重点关注资料表单程序不规范和税收流失等问题，提升纳税人税法遵从度，构建征纳风险管控体系。印发《广东省地方税务局实名办税工作方案》，于2018年1月起全面推行办税人员实名办税，保护纳税人合法权益，降低涉税风险。

二是加快实现固定管户向分类分级管户转变。印发《广东省地方税务局纳税人分类分级管理实施办法》，将企业纳税人按资产和规模分为大企业、省级大企业、市级大企业、重点税源企业和一般税源企业，将自然人按照收入和资产分为高收入、高净值自然人和一般自然人，并对税务机关各层级、各部门管理职责进行合理划分，将有限的征管资源优先配置于税收风险或税收集中度高的纳税人，实施规范化、专业化、差异化管理。制定《广东省地方税务局自然人税收管理办法》，对现有法律法规相关规定进行汇总归纳和集成创新，明确了自然人税收管理的基本要求，成为全国首例。提升大企业管理层级，建立市县级大企业管理机构，将占全省税收收入60%的总局千户集团、省级大企业、市级大企业纳入新模式下大企业税收管理体系，加大集团企业数据分析力度，为大企业提供个性化服务。

三是加快实现无差别管理向风险管理转变。完善风险管理制度，制定《广东省地方税务局税收风险管理办法》，规范税收风险管理业务流程，为全省风险管理工作提供了基本遵循。优化推广税收风险管理系统，为全省风险任务扎口管理提供统一平台支撑，实现风险任务管理的标准化、痕迹化、可量化。印发《广东省地方税务局税收风险指标模型（1.0版）》，推进优秀风险指标模型共享共用，提升全省风险识别精准度。印发涉税风险提示清单（1.0版），涉及9个税种、共132个风险事项，积极引导纳税人事前自查风险。探索开展AI风险识别、遵从评价等创新工作，全面提升我省纳税遵从水平。

四是加快实现经验管理向大数据管理转变。探索建立数据管税机构，省局增设数据应用管理处，各地市建立数据和风险管理专业团队。在全国较早开展数据治理规划，规划了未来五年数据治理蓝图，确立了"用治互促"数据管税思路。推进数据综合治理，开展数据资产整理、数据质量检查等专项工作，夯实数据基础。搭建数据综合应用系统，按照"省局搭台、各方唱戏"的集智众创思路，逐步整合各级各部门数据应用系统，形成统一的数据门户。推进《广东省涉税信息交换共享办法（试行）》修订，构建与公共资源交易中心、工商、公安等28个部门涉税信息交换共享新机制。2015年至2017年，全省地税系统共采集第三方涉税数据6.89亿条，利用数据信息查补税款385.64亿元；2017年以来，累计为14个政府部门提供涉税数据服务12 022万次。

（三）加强信息化建设，推进税收治理现代化

一是在全国率先上线"金税三期"工程优化版应用系统。协助重构一个优化版本，全程深度参与打造"金税三期"工程优化版。摸索了一套经验模板，实现了从省级大集中向全国大集中的平稳过渡，为"金税三期"工程全国上线提供有益经验。提供了一体化运维模式，在全国率先推出了基于"金税三期"工程的办税指南和业务指引，建立政策调整的同步宣传解读、同步调整信息系统、同步调整指南指引的工作机制，打造全国首个"集智众创"的业务保障平台，业务保障体系初步建立。

二是建设全国领先的电子办税体系。打造"网上办税为主、移动办税为辅、自助办税为补"的电子办税服务体系，联合国税与腾讯公司签署"互联网+税务"战略合作协议，积极打造"智慧税务"。截至2017年，全省地税667项依申请业务事项中的95%已实现可在网上办理，电子办税渠道业务量占比超过80%。联合国税共同建设并上线运行全国首个国地税共建电子税务局，实现主附税联合申报等1 134项国地税业务网上通办，真正实现了纳税人"上一个网、办两家事"。打造全国首个省级微信办税体系，具备6类71项功能，实现了纳税人办税从"足不出户"到"如影随形"的升级，获得2016年广东省直单位工作技能大赛"工作创新"类第一名。2015年至2017年，已有超过1 508万用户使用了微信办税功能，793万自然人完成实名认证，服务量超过1.02亿次。推广应用自助办税，2015年至2017年，全省建成自助服务厅共1 032个，投放自助办税终端机共1 816台，通过自助办税终端办理业务总量超过900万笔。此外，在全国率先推出电子税票开具服务、个人完税证明等纸质证照邮寄配送服务、"银税互动"金融服务、"税保合作"服务、残疾人税收减免服务、房地产交易智能办税服务等，促进电子办税服务水平不断提升。

三是推进税收管理水平智能化提升。建设全省统一的数据资源库和数据综合应用系统，形成"用数据说话、用数据决策、用数据管理、用数据创新"的管理机制。建设全省办税服务综合管理系统，探索构建广东地税纳税服务能力模型，运用大数据分析、优化纳税服务能力。与广东省国税局共建共用"广东省大企业税收服务与管理系统"，形成全省上下联动、国地税协动、税企互动的立体化运行机制，实现大企业服务与管理效能的最大化。上线"稽查一体化平台"综合办案取证系统，运用移动互联网和大数据技术，推动稽查工作由传统的纸质稽查模式向移动稽查和互联网稽查模式转变。上线地税、社保、财政三方协同办公平台，实现部门间社保费信息共享和业务协作，推进税费一体化进程。

案例·事有所成，民有所得

【征管改革】

进一道门，办全省事
——广东地税大力推行全省通办模式

广东地税深入贯彻落实《深化国税、地税征管体制改革方案》关于"2016年基本实现省内通办"的要求，按照省委、省政府和国家税务总局的工作部署，加快推进办税便利化改革，大力推行全省通办，成效明显。

一、绘就"一网式+一门式"通办图，地域限制成为历史

在微信办税、电子税务局等电子办税渠道已实现无地域限制、"一网式"通办的基础上，广东地税依托"金税三期"工程系统、电子文档管理系统、税源管理平台等信息化系统实现实体办税服务厅"一门式"全省通办，打造线上线下一体的多维互通办税服务体系，为纳税人提供多种就近办税、便利办税渠道。在全省通办模式下，纳税人可突破属地办理限制，在全省范围内自主选择公告授权的全省通办办税服务厅办理相关涉税业务，做到"服务通办，管理机关、税款归属级次不变"。2016年12月1日起在除深圳外的全省范围内已实现通办，为450多万户单位和个体经营纳税人、近4 200万户自然人纳税人绘就一张"一网式+一门式"通办图。

二、打造"全省一个办税服务厅"，标准明确统一

主动顺应区域经济一体化发展、城市组群化发展趋势，广东地税全力打造"全省一个办税服务厅"，着力实现业务办理规范化和通办业务广覆盖。一是业务办理规范化。以推进全省通办为契机，广东地税在落实《全国税务机关纳税服务规范》和《全国税收征管规范》的基础上，深入推进《广东省地方税务局办税指南》和《广东省地方税务局税收征管业务指引》的应用实施，全面梳理各地的业务差异，统一规范通办事项、办税资料、业务流程、办理期限、表证单书等，真正实现"服务一把尺子，办税一个标准"。二是通办业务广覆盖。目前，广东地税全省通办业务涵盖了5大类49项333个具体涉税事项，其中包括了业务量最大的申报纳税类事项。全省通办事项范围和事项种类均居全国税务系统前列。

三、"互联网+税务"步伐加快，税务资源深度整合

一是打造共享型税收服务。在全省范围内统筹运用各地征管资源，优化资源配置，突破传统税收管理服务体制条块化、碎片化束缚，为纳税人提供"进一道门，办全省事"的人本化、便捷化服务，实现了从"一网式"（线上，电子税务局）到"一门式"（线下，实体税务局）的服务拓展和体验升级，对内有利于推动服务和管理衔接，对外有利于夯实综合治税基础，进而提升整体治理能力和实现管理转型。二是打造智能型税收服务。全省通办离不开强大的信息化支撑和精准的数据化处理。广东地税早在全省"大集中"时代就已实现了电子办税厅和税源管理平台"一厅一台"连轴驱动。2015年作为第一批试点单位上线"金税三期"工程系统优化版之后，广东地税又上线应用了门前影像资料采集系统、电子文档管理系统，全面启动了数据综合治理，为推动全省资源整合打牢基础。

推行全省通办是广东地税深化征管体制改革、推进办税便利化的重大举措，是打造智慧型地税的重要一步。广东地税将在广东省委、广东省政府和国家税务总局的坚强领导下，根据纳税人需求和业务实际，不断扩大全省通办业务范围，逐步增加全省通办办税服务厅和受理窗口，形成风险可控、办理便捷、可复制、易推广的全省通办模式。

（广东省地税局征管和科技发展处）

一门式、一网式，过户只要跑一次
——广州地税优化二手房交易流程

2017年5月，广州市地税局和广州市国土规划委合作，在市内中心六区地税部门与不动产登记部门的共驻大厅，全面推行二手房交易登记、纳税"一体化"办理模式。此次流程调整，将二手房涉税登记业务全流程由原来的7个环节压缩为3个环节，其中办税环节用时6分钟左右，有效解决了纳税人在多部门预约、分头办理、来回奔波的情况，是广州市地税局持续深入推进"放管服"改革的一项突破性成果。现场办理的群众表示："以前办过户，要2次预约，排多次队。现在这个新流程，进一家门，取一个号，一次搞定，时间最短，真是方便！"

一、以创新为抓手，推进服务型政府建设

为落实深化"放管服"改革、加快推进服务型政府建设的工作要求，按照广东省政府、广州市政府关于完善"一门式、一网式"政务服务模式的要求，广州市局以"不见面的服务"和"大政府大服务"两大理念为先导，以不动产涉税登记业务为重点突破口，大力推进跨部门融合，全面提升政府服务效能。一是强化组织领导。广州市局与广州市国土规划委联合成立专项工作小组负责推进工作，共同建立"一窗办理、系统互联、部门协同"业务合作机制，把该项工作列为双方2017年重

点工作之一，层层压实责任。二是统筹推进工作落实。印发《加强不动产涉税登记业务合作的工作方案》，明确各阶段重点推进事项及各方责任。2017年5月15日，率先在越秀区地税局与广州市不动产登记中心共驻的服务大厅试运行，5月底在越秀、海珠、荔湾、天河、白云、黄埔市内中心六区全面推行该模式。

二、以便民为目标，构建一体化工作新模式

广州市局与广州市国土规划委联合开展跨部门服务融合"减法行动"，创新优化整合二手房登记、税收业务办理流程。

（一）新旧模式下的普通存量房交易办理流程

（1）旧模式下的办理流程。纳税人张先生，办理普通存量房交易，早上九点来到广州市不动产登记中心。第一步，到地税前台领取缴税号，到核税计税窗前等待叫号。第二步，轮到张先生办理业务，张先生递交资料后在核税计税窗前等待工作人员审核资料、核价、计税、复核，半小时后，核税计税完成，张先生签字确认。第三步，张先生前往缴税开票窗等待叫号，轮到张先生缴税开票，张先生确认税额，缴税开票。第四步，张先生前往广州市不动产登记中心前台取号，到登记窗口前等待叫号。第五步，轮到张先生，张先生递交1套资料，工作人员审核资料、录入系统、发放缴费指引。第六步，张先生前往缴费窗口取号缴费。第七步，张先生回到登记受理窗口领取回执，所有事项办理完毕离开大厅。张先生办理完存量房交易，取2次号，排多次队，提交2套资料，共7个环节，办税用时约40分钟。

（2）新模式下的办理流程。纳税人王女士，办理普通存量房交易，早上九点来到广州市不动产登记中心。第一步，王女士前往广州市不动产登记中心前台取号，到综合受理窗口前等待叫号。第二步，到王女士办理业务，王女士递交1套资料，工作人员审核资料、录入系统、扫描上传资料，发放缴费指引，然后王女士前往地税窗口区域等待叫号。第三步，王女士看到屏幕显示王女士（卖方）姓名，前往相应窗口签字确认、缴税开票。王女士持完税凭证、缴费指引等在同一区域缴费窗口排队缴费、领回执，所有事项办理完毕离开大厅。王女士办理完存量房交易，取1次号，排2次队，提交1套资料，共3个环节，办税用时6分钟左右。

（二）新旧模式对比

（1）办理流程简化。由7个环节压缩到3个环节，减少4个环节，使办税更加便利，办税流程更加清晰（见下表）。

流程优化前后对比表

优化前流程	办理单位	优化后流程	办理单位
一、地税取号	地税部门	一、预约叫号	不动产登记部门
二、核价计税	地税部门	二、综合受理	不动产登记部门
三、缴税开票	地税部门	三、地税受理 （核价计税、缴税开票、缴费、出回执）	地税部门
四、交登取号	不动产登记部门		
五、交登受理	不动产登记部门		
六、缴登记费	不动产登记部门		
七、领取回执	不动产登记部门		

（2）办税时间缩短。一是排队等待时间减少。旧的流程环节多达7个且需要先后领取地税部门和不动产登记部门两个号才能完成办理，增加了纳税人排队的次数，据统计，纳税人花在两个部门排队等待的时间合计长达1～3小时。新流程下，纳税人无须重复排队，办税等待时间约为30分钟，等待时间明显减少。二是审核资料、录入系统时间减少。在旧流程下，纳税人需备两份资料分别交地税部门和不动产登记部门审核，而且两部门要求提供的资料大部分重合，造成资料重复提交、重复审核。当纳税人需要申请享受税费优惠时，提交给税务窗口的办税资料则高达数十种，审核资料、录入系统时间达到1小时，如遇到近亲交易等需要走审批流程的特殊案件时，资料审核、录入耗时会大幅增加。而新流程下，纳税人只需在交登综合受理窗提交1份资料同时用于登记和核税。窗口受理后便会将资料及时扫描成电子档案传递给税务部门，税务工作人员在收到信息后迅速在后台完成核价计税、打印表单，纳税人只需过来签名即可缴纳税费。新流程下办税环节用时缩短至6分钟左右，办税时间大幅度缩短、办事效率明显提升。

三、以优化为重点，提升一体化工作服务效能

融合后的新流程较之前有五大改变和提升：一是全程串联，一号通办。纳税人只需网上预约一次，或在服务大厅现场领号，无须分部门预约，登记、纳税两项业务全程一号通办。二是一窗受理，一次收件。越秀地税局与广州市交登中心共同梳理集成一份资料清单，实现业务一次告知、材料一次提交，综合一窗受理登记、核

税所需必要资料。三是信息互联，一网共享。实现跨部门实时共享二手房交易合同网签信息、房产登记信息，核价、申报录入信息由原来的34项减少为3项，其他31项信息由系统自动抓取填写。四是简化资料，一表申报。整合二手房交易涉税申报相关资料，开发《存量房交易综合申报表》，切实简化办事流程，实现"免填单"便民服务。五是税费同办，一站办结。纳税人一次完成核税确认签名、缴税开票、缴纳相关登记费用和领取登记受理回执。

（广州市越秀区地税局）

向机制要质量，向技术要效率

——广州地税创新风险管理运作模式

近年来，随着财税体制改革深入推进，地税征管格局发生深刻变化。面对各种新形势、新难题，广州市地税局将改革作为破解发展瓶颈的重要抓手，结合"放管服"改革，充分发挥风险管理的导向作用，努力探索推进征管方式转变。2016年4月，广州市局在纳税评估局设立税收风险防控管理中心，在省内首创以实体运作单位统筹落实税收风险管理的新模式。两年来，该中心在市局党组的正确领导下，敢于先行先试，勇于破解难题，不断完善风险管理工作机制，大胆尝试风险防控方式与方法，推动征管工作质效显著提高，纳税人税法遵从度明显提升，税收营商环境持续优化。

一、建立机制——构建"两级风控"，规范工作流程，确保风险闭环管理顺畅运行

（一）构建"市级为主、区级为补"的层级联动机制

在纵向层面明确市局税收风险管理工作领导小组、风险办公室、风控中心三级组织架构，各区地税局参照成立上述三个机构，市、区两级专职风控团队成员逾150人；横向层面明确稽查部门、纳税评估部门、税源管理部门依照风险等级各司其职

实施风险应对工作，风险应对团队成员逾1 000人。市局发挥统筹职能，主要负责制订计划、采集数据、统一识别、统一排序、扎口推送、统一评价等环节工作，各区地税局集中优势资源，主要做好风险分类应对及结果反馈工作。

（二）建立统一规范的业务工作流程

广州市地税局2016年在广东省率先编写税收风险管理办法和工作规程，明确了风险管理各级业务部门的职责范围、工作内容和各个业务环节的具体流程、操作标准以及表证单书，形成全市地税统一规范的风险防控工作制度体系。

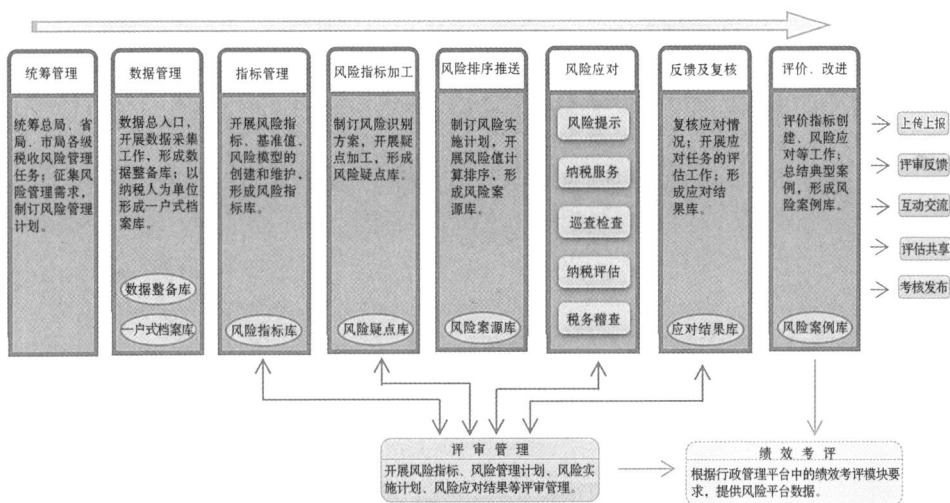

业务流程图

（三）搭建智慧拓展的经验交流平台

通过建设纳税评估典型案例库、汇编纳税评估典型案例集、举办年度优秀案例评选暨经验交流会议、联合国税举办优秀案例交流会议、创办《税收风险管理双周刊》等形式，搭建全市地税风险管理经验交流平台，充分总结、推广、应用先进工作经验，提升税收风险管理整体工作水平。

二、集成数据——拓宽采集渠道，提高数据质量，推动数据增值应用持续深化

（一）内外结合拓宽数据采集渠道

设置专职部门和团队负责数据采集工作，建立定向采集需求管理模式，依托征

管系统数据存储规则批量采集内部涉税数据，通过广州市综合治税平台统筹采集第三方数据，借助爬虫技术海量抓取互联网涉税数据，运用国家税务总局大数据云平台、广东省税务局数据综合应用平台定期采集跨省、市涉税数据，为各项税收风险防控工作提供充足的数据支持。

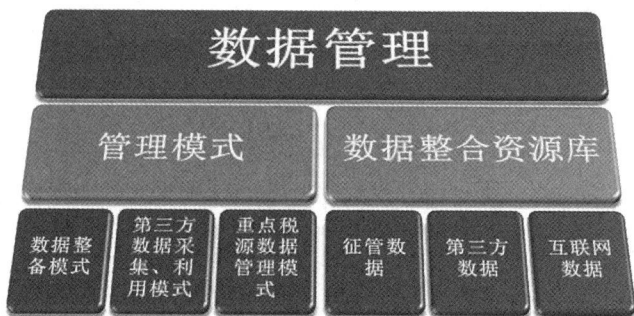

数据管理图

（二）上下联动提高数据整备质量

发挥业务人才与技术人才互补的专业团队优势，配合市局研究和制定数据质量标准、数据清洗规则、数据转换与匹配规则、数据校验规则等，运用数据科学的原理、方法和技术，借助语义识别、图片分析等工具，强化各类已采集数据的转换、清洗、检测和关系挖掘。

（三）持续深入推动数据增值应用

建立涉税数据整备资源库，持续提供数据资源支撑税收风险防控工作；结合区域行业特点和税源结构特征，定期编制各类数据分析报表支撑税收征管工作；多渠道共享国税、地税数据资源；积极撰写税源动态信息，为上级部门提供决策参考。

三、建设指标——创建指标模型，提升识别水平，促进业务与技术深度融合

（一）通过管理创新优化风险指标模型

建立"专岗+团队"的管理机制，专设"指标管理岗"负责日常征集、创建、维护工作，成立"指标模型工作团队"不定期开展优化完善工作；借助"基层+处室"

的丰富经验，发挥基层一线在工作实践和机关处室在政策把握等方面的优势，创建、优化更接地气、更有实效的风险指标模型；探索"税务+高校"的合作模式，与中山大学开展数学建模合作。

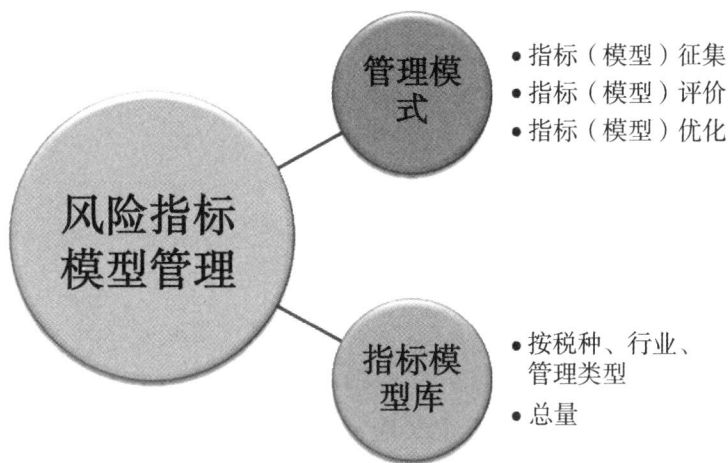

风险指标模型管理图

（二）通过技术创新提升风险识别水平

运用云存储、数据库大数据访问、结构化运算等现代信息技术，对以亿条为量级的涉税数据进行比对分析，批量生成税收风险疑点任务；尝试通过融入impala新技术，改善传统数据库查询功能，提高数据处理速度，提高风险识别效率，向技术要效率、要质量、要效益。

（三）通过项目创新打通大数据应用瓶颈

纳税评估局2017年与市局信息中心联合研发"税务大数据综合应用平台"，实现数据处理速度指数级上升、指标模型开发可视化及透明化、数据质量全过程管控等，上线应用后可进一步提高风险识别效率。

四、统筹风险——制订年度计划，扎口推送任务，助力风险应对成效大幅提升

（一）统筹制订风险计划，避免风险任务多头下发

2017年底在全市地税范围内启动下一年度税收风险管理事项需求征集工作，梳

理整合后制订年度税收风险管理计划；统筹整合总局、省局推送的大企业风险任务和专项风险任务，有效避免上级机关、业务处室和基层单位多头下发风险任务，大幅提升风险管理工作质效。

（二）扎口推送风险任务，避免执法主体重复检查

按户归集批量识别的风险疑点，形成"一户式"风险任务；设置避免重合规则，统筹整合大企业风险业户、稽查立案业户和市级风险任务；设置匹配优选规则，将国地税重合风险业户作为组织实施风险推送的优先对象。通过扎口推送任务和筛选重合业户，有效避免不同执法主体重复检查对纳税人正常生产经营造成的干扰，助力优化税收营商环境。

（三）实施分类分级应对，提高风险应对工作效率

设置风险等级排序规则，将风险任务划分为高、中、低三个等级，分类推送至稽查部门、评估部门、税源管理部门实施应对；编写风险排查工作指引，推演风险应对场景，为风险应对人员提供精准工作指导。2016—2017年全市地税共实现风险收入88亿元。

五、强化配套——推广应用系统，完善内控制度，引导基层干部队伍向上向善

（一）着力提升风险管理信息化水平

通过批量风险识别、扎口推送任务、反馈应对结果等环节的系统技术应用，实现了税收风险管理的信息化和自动化。

（二）坚持以内控管理促进业务规范

梳理排查岗位风险点，制定风险防范措施和权力运行流程内控图，汇编形成《职业风险防控手册》和《岗位责任制》，促进权力规范运行，实现业务风险和廉政风险双防范、齐控制。

（三）持续加强基层干部队伍建设

坚持党对税收工作的集中统一领导，营造风清气正干事的创业环境，实现基层党建与业务管理同步推进、同频共振；大力培养具有税收业务、数据管理、信息技术多重背景的复合型、实用型人才。

经过两年的探索实践，市局信息中心建立了一个职责明晰的组织体系，内设11个职能科室，分工明确、团结协作，服务大局能力获得新提升；构建了一套运作有

序的业务架构，目标规划管理、数据管理、指标管理、风险识别、风险推送、风险应对、结果评价等环环相扣；打造了一支合作高效的专业队伍，形成了数据挖掘、指标模型管理、评估应对等多个专业团队；积累了一批风险防控的管理资源，数据整备资源库现有征管数据24亿条、第三方数据2.99亿条、互联网数据1.28亿条，指标模型管理库累计风险指标294个、评估模型10个，应对指引库收录近8万字的工作指引，评估案例库汇集优秀案例和典型案例合计453个。

（广州市地税局纳税评估局）

吃下"定心丸",化解"不确定"

——广州南沙开发区地税试行不确定事项报告制度

新时代涌现出许多新经济、新业态,客观上税收法规政策难免滞后。响应广东省地税局的改革号召,根据广东省地税局、广州市地税局的试点筹划,结合南沙实际情况,南沙区地税局从2017年10月1日开始正式试点不确定事项报告制度。不确定事项报告制度是指纳税人在相关经济行为发生后,认为存在法律法规未明确是否征税的涉税事项,可向税务机关报告,经税务机关审核确认为不确定事项的,在税收政策法律法规明确相关规定后,税务机关在依法征收税款的同时视情况不予罚款或不加收滞纳金的一项管理制度。试点以来,南沙区局按照有利于企业发展、有利于经济社会发展、有利于促进社会公平的"三个有利于"原则,处理税收政策未明确的事项,引导纳税人主动诚信报告,避免日后被处罚加收滞纳金等,取得了良好成效。

一、建章立制

作为一项全新的制度,不确定事项报告制度的方方面面均需试点单位自行设计。在被确认为不确定事项报告制度试点单位后,南沙区局迅速组织人员对试点工作进行了细致筹划,制订并于2017年9月中旬印发《广州南沙开发区关于不确定事项报告制度的试点工作方案》(穗地税南发〔2017〕73号),明确不确定事项报告制度的试点工作的总体要求、目标、基本原则、组织保障、试点任务、工作安排以及工作要求，同时成立不确定事项报告制度试点工作领导小组，下设试点办公室，由试点办公室具体组织试点工作有关事宜。

2017年10月，南沙区局制定了《广州南沙开发区地方税务局关于开展不确定事项报告制度试点工作的公告》（广州南沙地税公告〔2017〕3号）并对外发布，明确了南沙区局于2017年10月1日起开展不确定事项报告制度试点工作，并向纳税人解释了什么是不确定事项报告制度，指引纳税人可以通过主管分局或咨询热线报告不确定事项。

同时，制定了《广州南沙开发区地方税务局关于开展不确定事项制度试点工作的通知》（穗地税南发〔2017〕87号）和《广州南沙开发区地方税务局不确定事项报告制度工作指引（试行）》，并在局内发文。两份文件明确了不确定事项报告制度的适用范围、工作流程、表证单书、组织机构及工作分工等内容。各有关部门及各征收分局按照上述文件要求开展试点工作。

二、特色做法

不确定事项报告制度推行伊始，面临着两大难题，一是纳税人乃至基层税务人员对政策不够了解，有效申请难以形成；二是整个制度设计本身未经实际检验，存在不少需要调整改进的地方。为解决这些问题，南沙区局经研究分析，2017年11月，在正式试点开展一个月后召集区局分管局领导、机关有关部门负责人、各征收分局分管局长进行工作座谈会，对该项工作进度进行通报并研究讨论后续开展思路，形成以下工作思路。

（一）拓展适用范围，全覆盖，全包涵

按照南沙自贸区"大胆闯、大胆试、自主改"的战略要求，结合自贸区"容错机制"，大胆放开不确定事项报告制度的适用范围，适用纳税人为全部属于广州南沙开发区地税局经管的纳税人及不属于广州南沙开发区地税局经管但报告的不确定事项在南沙发生纳税义务的纳税人；适用税种涵盖广州南沙开发区地税局征管的税种；适用事项包括所有纳税人已经发生的且现行税收法律、法规、规章或规范性文件没有明确规定的涉税事项。

（二）加强主动引导，点面结合，以点为主

采用了"点面结合、以点为主"的做法，一方面通过微信公众号、官方网站对外公告通知所有南沙辖区纳税人可以主动来报告不确定事项，另一方面通过主管税

务分局走访主动联系财务制度较为完善、遵从度较高的企业，针对该类企业点对点进行宣传辅导，引导存在不确定事项的企业主动报告。

（三）以案例带动制度优化，迭代改进

通过在受理不确定事项报告过程中出现的问题，不断改进优化不确定事项报告制度有关内容，包括为解决报告事项种类多、范围广，可能涉及不同部门的问题，将审核工作小组从固定成员组成改为由报告事项有关部门动态组成；为解决审议过程中的争议问题，设计了领导小组裁定制度；为保证审议结果的权威性，设计审议会议需纸质记录并由各成员单位签字归档，审定过程通过OA系统签报方式提交审批。

三、案例介绍

不确定事项报告制度实行以来，经过不断的宣传辅导，纳税人对该项制度的认同度不断提高，有多位纳税人主动向主管税务机关了解并申请。现就其中一个办理完成的案例介绍如下：

（一）案例简述

广州港物流有限公司将其拥有的广州南沙区龙穴岛海港大道东侧用地无偿划转给其下属全资子公司广州南沙国际冷链有限公司，就该划转行为是否应当申报缴纳契税、土地增值税发起不确定事项报告。

（二）办理过程

分局受理该申请后，经过初步审核将材料移交不确定事项试点办公室。试点办公室召集成立不确定事项审核工作小组并组织召开会议。会议上，审核工作小组认为本案例中关于土地增值税的有关申请，符合不确定事项认定条件；关于契税的有关申请，不符合不确定事项认定条件。会后，试点办公室拟定了《不确定事项报告集体审议意见》并由审核工作小组各成员单位经办人、负责人签名，同时，试点办公室根据《不确定事项报告集体审议意见》草拟了意见书并提交领导小组组长审批，审批通过后向申请人出具。

（广州南沙开发区地税局征收管理处）

五个互联互通，六个重点突破
——汕头地税构建税费一体化管理新模式

为全面贯彻落实《深化国税、地税征管体制改革方案》精神，着力解决当前税费征管中存在的突出问题和深层次矛盾，进一步推动税费征管工作转方式、调职能、提效能，构建汕头税费一体化管理新模式，汕头地税局研究制订了《汕头市地方税务局关于税费征管工作转方式调职能提效能的实施方案》（以下简称《方案》）。《方案》围绕"五个互联互通"细化为机构优化、基础管理、风险管理、信用管理和信息化建设五大类28项具体措施，既做好省局任务的承接，又注重结合实际打造汕头特色，为建成电子化办税、大数据管控、全过程服务、智能化提升的基于互联网生态的征管新模式以及实施税源分类分级管理提供了重要指引。

一、总体思路

在严格遵循省局确立的改革原则性要求的情况下，努力探索既符合上级要求、又切合地方实际的具有汕头特色深化征管改革之路。汕头地税充分认识粤东西北与珠三角发达地区的经济和税（费）源结构等方面的差异，按照立足现状、结合实际、因地制宜、大胆创新的思路，研究确立了五个方面的改革指导思想：一是确立税费并重，联动控管，实施税费一体化管理的改革方向。二是确立转方式、调职能、提效能的改革路径。三是确立以"5+1"平台以及接下来的税费一体化控管平台为依托的改革信息化支撑。四是确立探索建立信用管理积分制,率先将缴费人信用纳入信用管理范围。五是确立推动政府建立税费信息综合共享系统的改革突破。根据这一指导思想,汕头地税重点通过实施"五个互联互通"推进深化改革,并确立了"试点先行、分步推进、优化完善"三个阶段时间表和路线图。

二、主要内容

(一)通过机构优化整合,实现人力资源和深化改革之间的互联互通

进一步研究制定汕头地税《纳税人分类分级管理实施办法》,细化分类标准,优化岗责体系,明确落实措施。组建数据及风险管理专业团队,提升数据分析应用及风险管理能力。设立风险管理机构,提升风险应对效能。设立电子办税机构,推动前后台业务分离。探索设立基层规费管理机构,完善规费管理机制。调整充实大企业局管理职能,完善工作流程。整合稽查力量,实现管理扁平化。设立内审机构,探索实施内控风险专职管理。建立专职纪检监察员制度,全面落实从严治党。深化人事制度改革,建立常态化干部交流轮岗机制。

(二)通过加强基础管理,实现数据应用与风险管理之间的互联互通

探索建立税费一体化控管体系。推行管事制试点,探索事前、事中、事后管理。拓宽多方涉税(费)信息采集和共享渠道。加强基础数据质量管理,完善征管质量监控评价体系。多维度开展税费分析。开展办税(费)服务数据分析。

(三)通过扎口风险任务,实现税收业务与规费业务之间的互联互通

完善各类风险任务统筹和扎口管理。开展税费风险指标和风险模型建设。加强税费风险管理。加强商事登记制度改革后涉税事项风险管理。完善国税机关、地税机关风险管理协作机制。

(四)通过助推信用体系建设,实现信用管理和协同共治之间的互联互通

探索建立健全自然人税收征管基础制度。推进实名办税办费工作。探索税费信用与其他社会信用联动管理。推进部门间的信息共享。

(五)通过统筹信息化系统建设,实现信息业务与税费业务之间的互联互通

推广应用国家税务总局决策二包风险管理系统,实现风险任务的全流程管理。参与广东省电子税务局升级建设。拓展和完善"5+1"平台功能,逐步构建汕头地税统一工作平台。

三、主要亮点

方案是汕头地税对转变税收征管方式提高税收征管效能的一次积极探索及尝试，各项工作任务紧密结合汕头实际，实用性强，主要特点可归纳为"六个突破"。

（一）通过构建风险管理体系，实现数据分析风险任务扎口推送的突破

组建数据分析应用及风险管理团队，市局数据及风险管理办公室扎口风险任务，解决了长期以来"上面千条线，下面一根针"的问题。

（二）通过建立"管事管户管片"相结合模式，实现税源分级管理的突破

在南澳县地税局开展"分类分级专业化管理"深化税收征管改革试点，运作一年来，南澳县地税局2017年税费收入同比增长25%，超额实现市局和南澳县政府的年度预期目标。

（三）通过设立电子办税分局机构，实现前后台业务分离的突破

探索在区（县）局试点设立电子办税机构，负责电子税务局电子办税（费）的推广运用和辅导培训、线上线下融合支撑，逐步形成税费业务前台受理、后台处理的前后台分离模式。

（四）通过建立信用积分制，探索对自然人信用管理的突破

探索对自然人实行税费信用积分管理，适应新形势下加强自然人税费管理工作的需要。

（五）通过人力资源整合，实现扁平化管理的突破

明确稽查定位，集约稽查力量，实现精准打击及提升震慑力。提升大企业管理层级。

（六）通过"5+1"平台功能拓展，实现税费一体化控管的突破

重点是实现"四个覆盖一个打通"：覆盖规费业务监控、覆盖规划核算管理、覆盖征管质效监控、覆盖国税数据应用、打通风险应对渠道。

（汕头市地税局）

顺应美好需求，开创"佛山经验"
——佛山地税推进数据驱动分类分级管理模式改革

　　管理模式创新是税务部门永恒的课题。佛山地税始终以此为己任，先行先试，积极进行改革探索。2017年5月，在省局信息化工作会议提出的关于构建基于互联网生态新型征管模式决策部署的指引下，佛山地税全面推行数据驱动分类分级管理模式改革。省局党组成员、副局长苏振钿对佛山地税的改革给予充分肯定："全面启动数据驱动分类分级管理模式改革，是佛山市局落实省局信息化工作会议精神的具体行动……是构建基于互联网生态的新型征管模式的生动体现。" 国家税务总局征科司副司长陈洬对改革给予了高度评价："改革顺应纳税人对纳税服务的美好需求……为新时代税收管理现代化建设打造了可复制的'佛山典范'，形成了可推广的'佛山经验'。"

　　2017年，在广东省直单位第五届工作技能大赛暨市县机关工作技能邀请赛总决赛上，佛山地税数据驱动分类分级管理模式改革作为参赛项目，从来自400多个单位的872个参赛项目中脱颖而出，勇夺改革创意类第一名，并获得国家税务总局王军局长的肯定性批示，王军局长2018年1月到广东进行地税调研时继续为该项目点赞。

　　佛山地税秉承新发展理念，在全国率先实施数据驱动分类分级税收管理模式改革。该模式是按照国家税务总局"制度+科技"的思路，改革以税务机关为中心的职能设置，构建分类分级管理模式，实现向以纳税人为中心转变；改革"人盯人"的粗放管理模式，以大数据分析应用驱动税收管理和纳税服务，切实提高征管效能，实现向信息化精准管理转变。

一、以制度建设优化职能，构建分类分级管理体系

以纳税人为中心，根据纳税人特点及涉税需求等要素，将纳税人归入不同的类别，基于纳税人特点实施分类分级管理，并据此优化市局、区局、分局三级税务机关职能配置，推动税收管理与服务方式转型升级。

（一）市局集中统筹

市局通过大企业局、数据分析应用中心、风险办等机构，承担起大企业管理、数据管理、风险管理的统筹扎口职责。

（二）区局聚焦实务

各区局对应成立数据分析应用中心、风险办，创建电子办税分局、用户体验设计中心等，聚焦实体管理，对分局工作量大的业务比如催报催缴等进行优化提升批量处理，对网上业务进行集约化处理，对部分可以集中应对的风险疑点进行批量处理。

（三）分局率先在全省地税系统实施分类分级管户制

取消税管员固定管户，按分类分级管户制要求优化基层岗位配置，设置5类10个业务专岗；设置"管理服务区"，加强改革之后的纳税服务工作，与办税服务厅的咨询辅导区、办税服务区、自助办税区和轮候休息区共同组成基层分局"4+1"大服务格局。

二、以科技创新驱动改革，构建数据管理服务体系

科技是发展的重要动力，数据是改革的重要支撑。佛山地税实施科技创新驱动，建立涉税数据资源库，以大数据分析应用驱动税收管理和纳税服务，切实提高税收征管、纳税服务的质量和效率，彻底突破传统"人盯人"式税收管理的窠臼。

（一）强化部门合作，让数据实现多领域共享

构建起覆盖38个政府部门参与的"税务部门+综合治税+互联网"的亿级数据采集链。通过1 426个内部数据表、298个政府部门数据表、85个互联网数据表，全面采集全市近50万纳税人的各类涉税信息。

（二）强化精准应用，让数据更好地服务征纳双方

通过构建涉税数据分析应用模型，网格化扫描涉税风险，从而产生涉税风险管理任务，并建立起高、中、低三类税收风险精准管理模式。2017年，共向14.6万户纳税人推送低风险提醒信息32.9万条，督促排除风险10.2万项；对3.6万户纳税人进行中等风险管理，入库税款14.5亿元。并成功拦截了319名涉嫌虚假申报个税进而非法获取购买商品房资格者，协助公安机关打掉1个犯罪团伙，抓获犯罪嫌疑人6名。同时，建立智能化、精准化的纳税人涉税信息一户式管理模式，用数据为纳税人画像，建立纳税人需求数据库，为纳税人提供更加智能的纳税服务。2017年共为7.7万户纳税人推送享受税收优惠等提醒信息106.2万条，减免税款137.7亿元。

（三）强化规范管理，让数据筑起廉洁从税之墙

2017年，佛山地税局90%的税收管理任务实现了数据分析产生、信息化平台运转，涉税事项办理都可追溯、可追责，有力营造了"不敢腐""不能腐"的工作局面。

佛山地税数据驱动分类分级管理模式改革大幅提升了税收管理服务质效，获得纳税人普遍好评。2017年佛山地税税收收入增长20.3%，月均纸质文书派送量下降90%、纳税人往来办税大厅同比减少2.9万人（次），收取纳税人纸质资料同比减少1.16万页，纳税人电子办税率同比增长13%、平均等候时间同比下降82%，年均节约纳税人办税成本3.59亿元。

（佛山市地税局征收管理科）

事事有人做，人人干成事
——韶关地税落实对纳税人分类分级管事制

2017年，根据广东省税务局的工作部署，韶关市地税局制订了《韶关市地方税务局关于转变税收征管方式提高税收征管效能的实施工作方案》和《韶关市地方税务局纳税人分类分级管理操作办法》，拉开了全市地税系统纳税人分类分级管理改革的序幕。经过近一年的打磨优化，分类分级管理最终顺利在韶关地税落地生根。在此，以韶关地税落实对纳税人分类分级管事制的实践为例，积极探索人与事相结合的分类分级管理，以期为山区地税，尤其是县一级山区地税组织体系优化提供参考。

一、韶关地税系统原组织体系运行存在的问题

（一）不协调的组织体系制约了行政效率的提高

按编制要求，县级地税局内设办公室、税政、征收管理、人事教育、纳税服务、监察室等股室，下辖一个稽查局和若干个税务分局。党建、规费管理以及绩效管理等工作大都采取挂靠或临设机构的方式，一定程度上存在职能交叉或相近，有的综合性工作难以明确分配。中心城区分局的业务量与税费收入规模占全局的80%以上，而人员仅占总人数的30%左右；其他分局分散在远近不同的乡镇，虽然业务量与收入规模小，但人员与其他行政资源等基本配置占一定比例，导致行政运行成本高。

（二）队伍结构欠优化，组织凝聚力偏弱

从县级局看，一方面是承接市局近五成绩效指标的税政、征管等业务部门，工作人员数量仅占全局人数的9%，经常出现身兼数职的现象，导致工作质量不高；另一方面是为确保"四分离"制度的落实，如稽查局人员配置相对较充足，但稽查案件少，稽查人员缺乏实践操练，专项检查时却又无人可用。地税部门属省垂直管理部门，干部交流减少、干部提升的空间收窄，发展前景往往低于个人预期，工作主动性和集体归属感被弱化。

（三）部分工作自成体系，存在较大的工作风险

县级地税部门普遍临时设置党建办公室来开展党建工作，但没有做到"融合式"开展工作，未能将党建与税收业务工作同部署、同落实，两者呈现"半脱节"状态。纳税服务股作用有限，服务未能做到基于服务纳税人、基于服务效率、基于服务基层，服务内容仅仅是答疑解惑等表象化问题的解决，大都采取共性举措，个性化精准服务少，很难从根本上解决纳税服务的痛点和难点问题，影响了纳税服务工作整体效能，纳税人满意度不高。此外，在管户制模式下，税务分局之间按属地划分征管范围，实施全职能税费征管，主管税务分局在自由裁量权把握上宽紧不同，从而产生执法尺度不一的现象，一些管理员凭着经验干工作，甚至搞"个人说了算"，容易引发廉政风险。

二、韶关地税系统分类分级管理的主要做法

按照既定理念和改革总体思路，2017年来，韶关地税系统积极探索、广泛调研、先行先试，最终制订出适合本局的改革方案，并在全市地税系统顺利实施。

（一）市局层面推进分类分级管理

（1）构建管事制改革框架，夯实改革基础。通过梳理全国税收征管规范，整理出分局、县级局和市局的工作事项，结合"互联网+税务"和风险管理等有关要求，制订转变税收征管方式、提高税收征管效能的工作实施方案，明确了各层级征管业务事项。

（2）推进稽查体制改革，重新界定职责。出台了稽查管理体制改革实施方案，将立案检查统一到市级稽查局，以便集中人才办理案件，县级稽查局负责除立案检查以外的工作，充分调动各级稽查资源。

（3）加大数据应用分析平台建设。打造覆盖全系统的数据应用平台，将业务

类与行政类事务管理内容全部纳入该平台，为任务流转、业务信息共享提供信息保障，为实现工作扁平化打下基础，开创电子化办税、大数据管控、全过程服务、智能化提升的基于互联网生态的新型征管模式。

（4）加快人力资源整合，打造新型管理团队。出台了韶关市地税系统干部轮岗交流暂行办法和青年干部培养计划，组建法律专业团队，建立以税务机关法制机构人员为主体，吸收专家和律师参加的法律队伍。组建数据管理机构，负责统筹数据资产管理、数据质量管理与分析、风险推送等，统筹全系统数据管理与应用工作。

（二）县级局层面推进分类分级管理

（1）整合县级局机关内设机构。将县级局原有机关机构整合，分别设行政综合、业务综合和纪检监察三大办公室，纳服股职能整合到纳税服务分局，推动行政管理与税收执法的同步变革，不断推进机关实体化、管理扁平化、业务集约化、服务专业化，进一步提高行政效能。

（2）实行管事制。县局领导由分管部门转变为直接承接具体任务，组织下级工作团队抓落实，并做好协调与督促工作。同时推进支部建设实体化，党支部直接建在部门或分局上，参考管事制分工，局党组成员以普通党员身份加入支部开展组织活动。

（三）分局层面推进分类分级管理

利用现有机构，重新调整优化分局职能，组建纳税服务、税源管理、数据管控三个专业分局，重新界定分局职责，其中：纳税服务分局主要负责依纳税人申请以及税务机关部门依职权的服务事项；税源管理分局主要负责基础管理；数据管控分局主要承接市局数据管理机构推送的核查任务以及自身数据质量分析发现的疑点核查；稽查局负责除立案检查以外的稽查职能。取消税收管理员固定管户制度，实行团队管理，按征管流程和税种要求管事。合理分解税收管理员工作职责，应由纳税人自主承担的事项，还责于纳税人；属于宣传咨询等纳税服务事项，主要由纳税服务部门承担；属于户籍管理、税源调查等基础管理的事项，主要由税源管理部门承担；属于风险分析识别、风险应对等风险管理的事项，由数据管控部门承担。

三、推进分类分级管理取得的成效

分类分级管理理念的有效落实，使组织体系优化平稳推进，改革取得显著成效。

（一）工作效率明显提升

通过管理的扁平化、服务的实体化，减少工作分配与布置的中间环节，各方面任务的下达与落实更直接、更快捷。

（二）主体责任层层压实

通过分级明确层级的职责，分类突出事务的轻重缓急，把工作职责压实到岗、到人，形成事事有人做，人人干成事的氛围。

（三）人力资源得到充分灵活运用

充分用好各年龄层的干部，按"三大办"岗责需求灵活调配人选，解决以往存在的人员配置不均的问题，让每个人都有适合自己的岗位，让青年干部能在重要岗位上迅速得到培养锻炼。

（韶关市地税局）

对症下药，贴心管家
——和平县地税局试点建设电子税务分局

在"互联网+"时代，智能纳税服务以其方便、快捷、低成本和高效率的优势，成为税务部门向纳税人提供纳税服务的重要渠道。为构建税源专业化管理新模式，积极融入互联网浪潮，和平县地税局根据广东省税务局、广州市税务局建设电子税务分局及《和平县地方税务局征管改革方案》（和地税发〔2017〕44号）的相关要求，认真思考"互联网+税务"新课题，以推进税收治理现代化为目标，以现代信息技术为依托，全力做好电子税务分局试点工作。

一、设立电子税务分局解决管理痛点

为推动税收征管方式进一步转变，和平县局成立基层税务分局职能调整改革工作小组，深入各基层分局征集纳税人及税务人员意见。一位边远乡镇小水电企业负责人反映："我们和平县位于广东省东北部，处于粤赣边境的九连山区。村民们出行的主要方式为搭乘客运中巴，原先只需要到中心镇就可以办理涉税事项，现在你们统一在县局大楼办公，我们出一趟县城至少耗时一小时，来回花费车超过30元，增添我们企业负担和纳税成本。若遇上不熟悉业务的情况，还可能多次往返……"

2017年7月1日正式成立电子税务分局，内设电子业务组、档案管理组两个小组。其中电子业务组负责纳税人电子渠道的推广应用和辅导培训、线上线下融合支撑、涉税事项信息化批处理工作等事项。

二、案例应用范围

纳税人网上实名办理报告备案、税务认定、发票办理、纳税申报、优惠办理、证明办理6大类396项业务事项。

三、案例应用场景

（一）企业社保管理增减员

一个山区的企业纳税人，发生人员变动时，只需登录电子税务局，按照系统提示自行进行社保参保人员管理，完成增减员。同时还可以办理社保联系方式变更、参保信息变更、清缴社保费等，足不出户，就可以完成企业日常的社保管理。

（二）财务制度备案

新设立企业纳税人在工商部门领取营业执照后，其法定代表人可以通过微信公众号、电子税务局进行账号注册登记，完成实名注册，绑定新办企业后，就能以企业身份办理涉税事项。企业可以自主进行城镇土地使用税税源信息采集、财务会计制度及核算软件备案报告、存款账户账号报告表等事项，减少了纸质资料的报送与审批环节，节约了90%的办税时间。

四、电子税务分局核心优势

（一）统筹布局对症下药，提高开通率和申报率

电子税务分局全面分析办税服务厅及电子办税厅业务量，按业务类型进行逐笔分类，对症下药：一是对未开通网报的存量企业，由职能分局进行上门辅导；二是对新登记的企业，由办税服务厅人员现场教学引导网报。截至2017年，全县共有纳税人户数6 094户，电子办税厅开户数2 423户，总开户率39.76%；其中企业纳税人户数1 745户，已开通电子办税厅1 731户，开通率达99.2%；重点税源户开通率100%。

（二）贴心管家优化服务，提升满意度获得感

落实导税员工作制度，电子税务分局专人到办税服务厅值班，引导纳税人至电子申报区和自助办税区，手把手引导纳税人通过电子渠道申报纳税；对服务实行留痕管理，制作《新登记纳税户辅导意见反馈表》《办税服务厅辅导意见反馈表》《自助办税终端驻点辅导意见反馈表》，共登记445条记录并对相关意见进行了整改落实；在全县投放10台自助办税终端，新增彭寨镇、林寨镇、下车镇、热水镇4个24小时自助办税服务区，实现乡镇自助办税服务零的突破。在申报期，派出专人到乡

镇自助办税服务区值班，现场指导纳税人使用自助办税终端。

（三）宣传培训广泛普及，扩大知晓面

在办税服务厅放置电子税务局、自助办税相关宣传资料，张贴操作指引、注意事项、服务电话等内容。构建外网纳税人学堂，选派业务骨干组建师资队伍，梳理可网报的纳税事项，采取现场互动与教学实操相结合，针对局内干部职工举办了6期培训，全局业务部门超过三分之二的人员参加了培训；培训纳税人9 000多人次，全面提升税务人员及纳税人的网报知晓面及操作水平。

五、电子税务分局实施成果

（一）电子办税率稳步提高

2017年上半年，和平县办税服务厅业务量月均11 907笔，电子办税渠道业务量月均13 843笔，上半年电子办税率为53.76%，全市排名第五。下半年成立电子税务分局后，全县办税服务厅业务量月均7 554笔，对比上半年减少了37%，电子办税渠道业务量月均17 044笔，比上半年增长了23%，电子办税率达69.28%，比上半年增长了28.87%，全市排名第一。

（二）非电子申报业务量显著减少

上半年全县非电子申报业务量月均412笔，下半年全县非电子申报业务量月均294笔，比上半年减少28.64%，切实减轻前台税务人员工作量。

（三）纳税人办税更加便捷

以年所得12万元以上个税申报为例，以往纳税人需要到办税服务厅，经过递交个税纳税申报表进行审核、前台申报、刷卡缴税3个步骤才能完成。现在，纳税人可通过电子税务局账户、微办税个人办税直接在网上进行信息采集填写、生成汇总申报，足不出户即可完成年所得12万元以上个税申报。

（四）纳税人满意率上升

电子办税渠道分流了大量纳税人，有效减少实体办税厅的排队现象，纳税人满意率得到进一步提高。2017年上半年，全县平均纳税人满意率为95.8%，下半年纳税人满意率为97.2%，相比上半年提高了1.4个百分点。除此之外，电子税务分局对使用电子办税的纳税人进行专项辅导，下半年共辅导纳税人900人次，满意率达100%。在2017年广东省地税系统纳税人满意度调查中，和平县地税局综合得分排名全市第一，在全省151个县（区）地税局中排名第八。

（河源市和平县地税局）

打造国地税深度融合综合体
——惠州市首家镇级国地税联合办税服务厅启用

2017年6月20日上午，惠州市首家镇级国税地税联合办税服务厅在惠阳区良井镇揭幕启用。惠阳区国税地税(良井)联合办税服务厅的启用，标志着惠州市税务局深入贯彻落实国税地税征管体制改革和国地税合作工作又上新台阶，为深入探索基层国税、地税部门全面融合建设形成了一条可复制的路径。

2016年底，根据广东省税务局关于深化征管体制改革、推进国地税合作的精神，在惠州市局的直接指导、惠阳区委区政府的大力支持下，当地政府作为业主单位牵头进行建设。新建成的联合办税服务厅及办公区域面积近2 000平方米，前面设立联合办税服务厅共310平方米，后面设立后台办公区，且国地税所有办税服务功能组别都设置在同一个互通场所，具有完整的征收、审批、管理等职能和权限。联合办税服务厅主要有以下特点。

一、地方政府主导，探索国地税建设运作模式

建设国税地税联合办税服务厅，涉及选址、审批、经费、运维等方面，同时也涉及多个部门，仅靠国税、地税部门难以推动高站位、高质量的建设。在惠阳区委、惠阳区政府和惠州市国税局、地税局的支持下，联合办税服务厅建设工作被纳入地方统一规划中，确定由良井镇政府作为业主单位牵头建设、统筹协调。经过一

年多的实践，初步形成了"区委、区政府规划立项—市国税局、地税局业务指导—区国税局、地税局居中联系—当地政府作为业主建设—镇国税分局、地税分局具体跟进"的共建模式，有效地提高了工作效率。目前，该运作机制和经验已被复制到正在开工建设的国税、地税联合办税服务厅进驻惠阳区行政服务中心项目中，取得了良好的效果。

二、依托现代科技，探索构建国地税综合智慧办税厅

在规划时，注重将服务窗口、信息设备、自助办税等因素综合考虑、有机结合。

（一）设立国地税交替排布窗口

设立12个服务窗口，国税、地税工作人员交替就座，每两个窗口组成一个国地税服务联合体。涉及国地税业务的可以直接在一对国税、地税交替座席（即国地税服务联合体）中流转，"领一次号""排一次队"就可以完成国税、地税办税事项，改变以往办税"多厅多窗往返跑"的情况，纳税人办税时间至少可以缩短50%，大大减轻办税成本和负担。

（二）共享导税服务资源

建立导税团队，国税、地税导税员不分彼此，全面负责整个办税厅国税、地税业务的咨询及引导，有效分流办理涉税事项的纳税人。在导税员人数不变的情况下，拓展预审业务范围，对发票开具、资料完整性、申报表填写等前置辅导，提高办税服务厅运转效率。

（三）设置信息化办税系统

在智能办税体验区内并排设立国税、地税5台自助办税终端，纳税人可通过自助终端办理发票发售、代开发票、打印税票等大量涉税事项，省去大量排队时间。同时，根据联合办税服务厅扎根在居民区的特点，设立了24小时办税服务厅，使市民在办税时间上有更多选择。

三、分局整体进驻，探索国地税联合管理平台

与互派、进驻、共建办税服务厅不同，良井国税、地税分局整体进驻，形成"便民捷径、征管互助、协同管理"平台，为联合办税服务厅便民办税提供强力支持。

（一）形成"前台统一受理，后台联合流转"的便民捷径

联合办税服务厅及办公区面积近2 000平方米，前面设立办税服务厅前台及智慧体验区，后面设立税源管理组、纳税人接待室、约谈室、综合组，等等，所有办税服务功能组别都设置在同一个互通互联场所。与征收及部分审批功能进驻的办税服务厅不同，该联合办税服务厅具有完整的征收、审批、管理等职能和权限，特别是对属于征管审批类的业务，前台窗口受理后，利用同在一个场所的优势，迅速流转到后台完成调查、审批等流程，可以避免群众在联合办税服务厅与主管税务机关"两头跑"，真正形成"前台统一受理，后台联合流转"的便民捷径。

（二）征管互助、协同管理、共享资源

在国税地税联合办税服务厅进行"硬件"建设时，良井国税、地税部门根据《国家税务局 地方税务局合作工作规范（3.0）版》的要求进行了征管方式、方法上的探索，"软件"建设方面，特别是基于互通互联、一体化办公的优势，努力摸索建立"营改增"后国地税基层征管协作新机制。一切从高效高质量为纳税人服务出发，并切合"营改增"后出现的工作短板，及时成立了良井国地税联合工作领导小组及办公室，并探索建立了系列国税地税联合制度，充分发挥联合办税办公地域优势，切实推进国地税深度合作。2017年，已形成并在探索落实9项国税地税联合制度及措施，具体有：《惠阳区良井国税地税联合工作领导小组》《惠阳区良井国税地税联合工作制度（总则）》《惠阳区良井国税地税联合办税服务厅工作制度》《惠阳区良井国税地税联合办税服务厅前台衔接制度》《惠阳区良井国税地税联合个体工商户管理制度》《惠阳区良井国税地税联合下户制度》《惠阳区良井国税地税联合常用业务工作流程》《惠阳区良井国税地税联合党建共建实施方案》《惠阳区良井国税地税联合后勤保障管理制度》。接下来，将结合国税地税深度合作进程推进的进度，制定并完善更多契合国地税合作实际的联合制度，务求达到不断提高数据交换频率和征管质量，形成联合户籍管理、风险疑点互通、评估结果共享、税源监管齐抓的良好局面。另外，国税地税联合工作领导小组正在努力探讨如何进一步整合国地税涉税工作流程，进而更好提升工作效率，方便纳税人。

（三）"协同管理"建设队伍

在队伍管理、业务培训等方面优势互补，尝试联合组织各类型业务培训、干部职工能力提升培训。例如：联合开展纳税信用评价业务培训，统一国税、地税双方工作人员的业务认知、认定标准等。加强党建和廉政建设，共享资料室、党廉阅览室等设施，设立国税、地税廉政文化长廊；从深入融合的长远目标出发，联合开展办税服务厅前台"一人一窗一机"培训，每个月在纳税人不多且不影响正常业务的基础上，组织双方工作人员互换岗位、在系统上协助对方进行实际操作，取得较好效果。

良井国税地税联合办税服务厅的落成、启用，不仅是办税地址的联合，更是双方资源、优势的联合。接下来，良井国税、地税部门将利用好联合办税服务厅这个平台，推进国地税深度融合，释放国地税合作"1+1>2"的效应，实现国地税合作共赢、征纳双赢的目标。

（惠州市惠阳区地税局）

征管评查，四责分离

——阳江市江城区地税局拉开税收征管体制改革序幕

党的十八大以来，党中央和广东省委省政府先后印发了关于深化国税、地税税收征管体制改革的方案，明确指出税制改革的目标、要求和原则，为改革指明了方向。阳江市江城区地税局为贯彻落实党中央和广东省委省政府关于深化国税、地税征管体制改革的文件精神，在广泛调研、深入论证的基础上，结合工作实际，先后多次召开改革方案讨论会，出台了《阳江市江城区地方税务局关于深化税收征管改革的实施方案》，正式拉开阳江市江城区地税局税收征管体制改革序幕。

深化税收征管体制改革以来，阳江市江城区地税局主动作为，通过"征、管、评、查"四分离深化改革，切实提升服务质量和征管效率，实现堵漏增收，赢得广大纳税人的好评。

一、改革思路

按照精简统一效能原则，以大征管、大集中、大数据、大服务的思路，实施"征、管、评、查"四分离模式。在不改变税务分局名称、架构、编制的情况下，重新梳理各税务分局职能，按照职能重组纳税服务分局、数据应用分局、税源管理分局，深化税务稽查改革，进一步打破属地管理限制，切实解决征管中的突出难题。

二、改革措施

（一）推行现代税收征管理念

科学构建以明晰征纳双方权利和义务为前提，以风险管理为导向，以专业化管理为基础，以分类分级管理为着力点，以强化纳税评估为重点，以信息化为支撑的新型现代化税收征管体系，力求达到税源管理专业化、人力资源集约化、层级管理扁平化。

（二）重组纳税服务分局

将白沙税务分局定位为纳税服务分局，采取纳税服务职能划入、服务资源配置的方式，不断优化"电子办税为主、自助办税和实体办税为辅"的服务新体系。一是高标准共建国税、地税办税服务厅。深度整合现有业务流程，实现国税、地税7大类25项合作业务共同办理。二是丰富信息化办税手段。应用"人脸识别"税务机器人实现智能办税，配置自助办税终端、发票自助机、ITGS智能导税服务平台等系统设备，建立24小时国地税联合自助办税厅，推广微信自助办税，彻底打破业务办理时空限制。三是推进办税便利化改革。合理简并纳税人申报纳税次数，简化行政审批流程，推进涉税信息公开，推广"二维码"一次性告知，推行涉税信息采集共用，最大限度便利纳税人。

（三）突出数据应用分局

将城南税务分局定位为数据应用分局，主要负责涉税数据分析应用、第三方数据采集和加工、纳税评估。一是推动信息共享和合作。建立国税、地税联合开展税收分析与调查机制，充分运用"金税三期"、第三方经济及涉税信息相关平台，进一步推进信息共享和合作。二是强化税收大数据综合运用，深入挖掘涉税数据价值，充分发挥数据分析应用效益，把涉税数据转化为税源，将税源转化为收入，全面实现税收信息化。三是落实税务行政审批事项改革。以强化数据分析和纳税评估，促进事中事后管理制度的有效执行。

（四）组建税源管理分局

将城北税务分局定位为税源管理局，主要负责税务机关依职权事项及根据征收服务局需要协助下户调查核实事项。一是完善税源专业化管理模式，推行分类分级专业化管理，试行国税、地税互派管理员协同管户制度。二是建立自然人税收管理体系。推行自然人纳税人全面登记，建立自然人纳税人档案，构建以高收入者为重点的自然人税收管理体系。三是建立联合税收风险管理机制。强化国税、地税风险管理优势互补，通过涉税数据情报管理、数据共享交换、风险共同应对等内容开展深度合作；共同组建团队，统一开展现场审计，逐步实现业务操作和风险防控同步。

（五）推进县区级稽查改革

响应市局稽查征管体制改革，合理优化江城区局稽查局机构设置，提高稽查执法独立性和统一性。稽查工作重心逐步由法人纳税人向自然人纳税人转变，积极运用"互联网+"思维进一步提高信息资源利用率，强化公安与税务联合执法协作机制，提升稽查执法刚性。进一步整合原有稽查人力资源，根据能力维度科学调整人员架构，促进税务稽查更加精准化、专注化、专业化。

三、深化税收征管体制改革的建议

通过对江城区局"征、管、评、查"四分离改革实践情况的分析，深化基层税收征管体制改革，应做好以下几点工作。

（一）注重岗责设置，提升绩效管理契合度

在深化税收征管体制改革过程中，基层机构存在业务重构、职能调整的情况。但现用岗位职责说明书是根据"三定方案"制定的，深改后出现绩效管理体系和机构体系脱节、岗位职责和实际工作不匹配、岗责不清带来工作任务不明确、基层工作动力不足等问题，应结合深改工作实际，重构岗责体系，重新编制岗责说明书，激发队伍工作积极性。

（二）梳理业务流程，加强部门工作衔接度

在当前行政体制改革背景下，深化征管体制改革要想达到预期目标，必须有一套清晰的权责流程、衔接机制，以解决组织架构重构后职能存在交叉、关联职能衔接不紧密、管服并存等问题。如何厘清重组新部门之间的权责关系，改进各个职能环节的衔接关系、合作方式和流程，提高部门间沟通合作质效，是推动部门同步转型、对接改革需要考虑的重要问题。

（三）明晰法理依据，发挥基层主观能动性

尽管《深化国税、地税征管体制改革方案》为改革提供了法理依据，但具体落实到基层层面的推进和深化，需要面对诸多现实问题。深化征管体制改革工作的"本地化"，需要省局以上层面拿出更大的决心和勇气，根据征收权力在基层的特点，结合各地不同实际，充分授权地市、县级税务部门按照中央和总局的顶层设计，来做好本地的"基层设计"。通过强化法理依据支撑，加强顶层到基层的纵向衔接，让深化征管体制改革工作有章可循，充分发挥基层主观能动性，释放更大的工作活力。

（阳江市江城区地税局）

专岗专责，数据管税

——茂名市电白区地税局全面推进税费管事制改革

为进一步贯彻落实《深化国税、地税征管体制改革方案》，根据省局关于纳税人分类分级管理、转变税费征管方式提高征管效能、"互联网+税务"行动等文件精神和工作部署，结合当前征管实际，自2016年下半年起，电白区地税局作为茂名地区的先行者，开始了对税（费）源管理模式由"管户制"向"管事制"改革的深入探索与实践，通过梳理业务流程、建立新的岗责体系，逐步建立"大数据+全覆盖"税费全面管事的征管模式。

一、税费管事制推行背景

在"营改增"后，地税部门组织收入规模和税源结构发生了巨大变化，"税种小、税源散、管户多"的特点日益明显。随着税制改革逐步推进，地税征管对象重心将转移至数量庞大而分散的自然人，"保姆式"的管理制度使基层税收管理员疲于应付，难以对纳税户管深管透。另外，税管员权力过于集中，自由裁量权偏大容易导致不公，存在较大的执法风险和廉政风险。因此，管户式的税费管理模式难以满足社会经济发展对税收征管质效的要求。

在该形势下，变革地方税费管理方式，破解有限的征管资源与数量庞大的纳税人之间的矛盾，实现科学化、专业化、精细化的税收管理模式已是大势所趋。因此，探索一套切合电白地税管理实际、与基层税（费）源结构和人力资源相适应的征管模式势在必行。

二、税费管事制推行概况

2017年1月，省局、茂名市局相继召开2017年全省、全市地方税务工作会议，电白地税局深刻领悟会议精神，立足该局实际，积极探索创新，以"优化、提质、提效"为目标，提出了"税费管事制"的征管理念。经过精心部署，税费管事制于2017年3月1日在该局管户最多的水东税务分局正式试点运行。经过4个月的试运行和不断优化，同年7月，该局全面推进税费管事制改革，全区十个税务分局齐头并进，正式运行税费管事制。

在岗位设置方面，电白地税在保留具有茂名特色的"专岗专责"基础上，根据税费管理流程，共提炼出8个岗位，并根据各分局的实际，对小分局进一步简并岗位，将职责进行合并，提供8岗、6岗、4岗的选择，并正式对接金三系统和税源管理平台，加大防控执法风险力度，推进征管模式科学化、专业化、精细化，有效提高税收征管质量、纳税服务水平和纳税人遵从度。

三、税费管事制的特点

（一）科学设置岗位实现管理闭环
税费管事制根据税费管理流程，结合人力资源和管理类别的实际情况提炼出8个岗位，分别为综合服务岗、税费征收岗、税源管理岗、规费管理岗、风险管理岗、执行管理岗、档案管理岗、考核监督岗，在人员管理和税费管理上均实现了管理闭环。

（二）数据模型辅助实现风险管理
通过梳理业务流程，针对每个岗位定期发送疑点数据和风险提示，协助"管事制"各个岗位的业务管理。

（三）合理安排人员实现资源优化
根据人员的实际情况，合理调配人员到合适的岗位，各尽所能，实现了人力资源优化与管理质量的双达标。

（四）优化业务流程实现高效管理

根据岗责设置，对业务流程进行重置以及优化，并制作业务流程图，建立起全新的"管事制"征管流程，为征管效率的提高提供有力保障。

四、税费管事制的形成举措

（一）领导高度重视

全面运行税费管事制，这是电白地税党组在探索过程中经深思熟虑后做出的大胆决定。

根据茂名市局的初步安排，电白地税的改革试点内容为个体工商户的税收管事制。电白地税党组勇于发挥领头羊精神，大胆突破，锐意进取，自我提升工作难度，向市局提出扩大管事制的范围，将个体工商户扩大到全体纳税人，将税收扩大到税费，改革一步到位。

尽管在改革的过程中，遇到了各项难题与阻力，电白区局党组始终步伐坚定，召开局务会议三次和业务讨论会议十多次，带领全局税务人员逐步实现观念的转变，上下一心，边做边改，边改边做，逐步完善税费管事制。

（二）做好充分准备

为了让税费管事制顺利实行，电白地税深入基层调研，全面摸透摸清基层管理实际和税收管理员管户情况，了解基层管理需求，并制订出符合实际的实施方案。

在业务保障方面，一是提炼业务流程节点，形成岗位职责体系；二是完成"金税三期"系统权限设置；三是制定"税费管事制"业务流程保障制度；四是收集业务需求，奠定数据模型基础；五是根据业务需求，开发完成"税费管事制"风险管理雏形；六是在"金税三期"系统全流程模拟验证"税费管事制"业务操作；七是开展全员培训，让各岗位人员明晰所在岗位业务办理流程及要求，"炒好自己那盘菜"。

（三）及时优化提升

2016年6月，国家税务总局印发了《纳税人分类分级管理办法》，2017年6月，省局印发了《广东省地方税务局纳税人分类分级管理实施办法》，电白地税及时对接文件精神，切实转变征管方式，逐步实现固定管户向分类分级管户、无差别管理向差异化管理、事前审核向事中事后监督、经验管理向大数据管理的转变，将"数据管税"理念融入税费管事制试点工作中，建立全流程的数据监控管理模型，优化资源配置，降低执法风险，提高管理效能。

五、经验总结

当前，我国深化改革已进入深水区和攻坚期，税收征管方式面临新形势、面对新问题，需要我们从全局性、系统性出发来看问题，找出路，推动税收征管方式向更好的方向转变和发展。

自3月1日"税费管事制"在水东税务分局试行起，总体运行平稳。该分局的税收管理员普遍反映"税费管事制"的推行降低了管理员对电脑应用的技能要求，且岗责明确，切实提高了管理效率，受到一致好评。"税费管事制"改革有效破解了有限的征管资源与数量庞大的纳税人之间的矛盾，优化了人力资源配置，提高了管理效能，是在当前税收体制和形势下的积极探索，值得我局在后期全面铺开实施。电白地税将继续根据深化税收征管体制改革总体要求，结合工作实际和"数据管税"发展新形势，及时收集问题信息，开展分析研判，适时调整改革工作细节内容，全面系统地推进"税费管事制"顺利运行，提升我局税费征管的整体水平。

（茂名市电白区地税局）

业务通，规范通，服务通
——清远地税率先推行"全市通办"

清远市地税局以推进科学严密的征管体系和建设优质便捷的服务体系为目标，积极探索实践县域征管新模式，率先推行涉税（费）事项的"全市通办"，彻底打破纳税地点与税收核算的界限，在优化纳税服务、提高办税效率、深化征管改革等方面，展现出积极的成效。该模式自2015年8月推行以来，全市共受理超过22万笔的门前跨区办税业务，越来越多纳税人受惠于"全市通办"带来的便捷，办税体验更具"获得感"。

一、清远地税全市通办模式的主要内容

清远地税推行的"全市通办"，即在全市范围内，纳税人可自主选择任一办税服务厅办理涉税费事项。清远市局根据"金三业务规范""全国税收征管规范""全国纳税服务规范"等梳理出涉税费事项691项，其中全市通办业务共有551项，涵盖了税务登记、税费申报、发票领购、社保缴纳、优惠备案等税收征管的核心环节。

此外，为解决前后台业务衔接、档案管理以及推行县域征管新模式集中办税后带来的一系列问题，清远市局开发了"全市通办辅助系统"，主要包括四个模块。

（一）网上预受理

为纳税人提供涉税事项电子申请表，纳税人可提前填写电子表单并预约想要的

办税时间及办税大厅办理业务。与以往实体大厅"预受理区"不同的是，"网上预受理"引入"互联网+"思维，实现了三个突破。

一是实现"金税三期"工程系统界面业务数据预采集，对于已进行网上预受理的业务，前台可直接采集纳税人预填写的表单数据到"金税三期"工程系统界面，省去录入时间。二是实现第三方信息交换，纳税人在存量房及增量房契税申报时，系统可调用住建局已登记的交易数据并自动填入表单，避免纳税人重复报送，提高数据采集的质量和效率。三是审批事项实现跨县区受理，受理机关接受纳税人提交申请后，通过系统扫描资料并产生任务推送到主管税务机关，主管税务机关接收任务后在"金税三期"工程系统完成文书的录入和审核（审批），办结后受理机关以及纳税人可通过"电子文书"查询和打印回复结果。

（二）电子档案

电子档案是"全市通办"业务办理的基础支撑。通过将所有涉税（费）纳税人依申请递交的纸质征管资料扫描，形成电子档案，实现纸质资料就地归档，电子文档共享流转；纸质资料与电子文档相关联，实现档案资料的管理智能化；为核心征管系统、税源管理等提供准确、可靠的电子信息和影像资料来源。

（三）电子文书

在实现涉税费事项办结后，系统将回复结果转换成PDF文件同时加盖电子印章，并自动发送至网上，纳税人可凭身份验证查询并下载打印；此外，对于涉及需流转跨区审批的事项，受理机关可通过该渠道调用文书打印回复纳税人，彻底解决跨区业务的文书流转问题。

（四）后续管理

实现对纳税人申请办理的涉税事项进行分析，根据设定指标提醒风险性事项并形成任务派发，同时在系统中记录后续管理工作完成情况。后续管理致力于理顺前后台的工作衔接，使税源管理岗能及时掌握纳税人在本地或异地的办税情况，提醒管理岗对纳税人已办理的事项后续跟进、复核，协助开展税源管理工作，有效防范执法风险。

二、坚持"三项原则"

（一）坚持问题导向原则

实施县域征管改革及"全市通办"后，出现了征管系统未能完全支撑征管业务的问题，为此，清远市局决定开发"全市通办"辅助系统，主要实现以下目标：一是解决资料档案管理及流转调阅问题；二是解决跨区审批（审核）业务流转问题；三是解决征收与管理的前后台业务衔接问题；四是引导和鼓励纳税人预约办税，为征纳双方减负。

（二）坚持"风险管理"原则

当前地税工作正面临三大转变，包括以"金税三期"工程系统为核心的管理手段的转变，以营改增为重点的管理对象的转变，以风险管理为导向的管理方式的转变。因此，针对目前传统管理与风险管理并存的"胶着状态"，坚持以税收风险管理为导向，就是要将税收风险管理的理念和方法贯穿税收管理全过程。"全市通办"工作，全面梳理业务流程、岗位职责，为税源管理提供准确、可靠的电子影像资料来源，为税收征管风险管理工作提供扎实基础。同时，在"全市通办辅助系统"中设立后续管理子模块，有效防范执法风险。

（三）坚持"协同推进"原则

清远市局坚持协同推进的原则，统筹推进多元化办税体系建设。"全市通办辅助系统"依托"金税三期"，以电子档案为基础支撑，实现预受理、电子文书、后续管理等功能，它的推广应用，不仅促进各主要服务平台资源的互联互通，同时也是我局在"电子办税为主，实体办税与自助办税为辅"的办税服务新格局的规划下，以"互联网+"思维不断深化和拓展电子税务的内涵和外延的一项重要补充。

三、实现"三个通"

清远市局推行"全市通办"，在"业务通、规范通、服务通"三方面成效明显。一是业务通。清远市局全力打造涉税事项全市通办，全面梳理涉税费业务，破解业务难题，实现了跨县区征收开票及税款划解，服务窗口不受限制，各办税服务厅窗口均可受理"全市通办"。二是规范通。总局两个规范、省局办税指南施行以来，清远市局以"全市通办"工作为抓手，通过"金税三期"工程系统实现业务操作全留痕、可追溯，以"全市通办辅助系统"为载体，将两个规范、办税指南中收取资料、流程固化在辅助系统中，保证各项标准的统一性和各项规范执行落实的稳定性。三是服务通。"全市通办"业务通、规范通的落实，彻底实现全市各办税服务厅统一办理流程、统一办理时限、统一表证单书、相同资料一次提供重复利用、审批流程无纸化等内容。

　　清远市局推行"全市通办"是在新常态下转变税风，顺应广大纳税人和社会各界对税务部门新期盼的新举措，将助力清远地税推动税收工作理念、管理方式和资源配置的变革与创新，打造税收管理服务与经济社会发展相适应、税收增长与政策落实相协调、税法遵从与纳税人满意相促进的工作新格局。

（清远市地税局征收管理科）

项目众包，聚合智慧

——潮州地税精准落实征管信息化工作

近年来，潮州市地税局聚焦征管和信息化工作质效，积极在集约化管理和培养复合型人才上谋求突破，在全省率先成立"数据实验室"作为人才孵育基地，以强化人才能力建设来推动征管和信息化工作。

2017年初，该局依托"数据实验室"，有效集中全系统信息化技术、业务和人力资源，运用互联网众包思维，打造项目设立、协作承接、争抢任务的运作链条，推动征管和信息化工作精准落地。目前，数据实验室首期发布的13个项目已全部完成预期目标并实现推广落实，有效促进了基层实际工作的开展，形成一套行之有效的工作模式。

一、突出项目众包，聚合智慧凝聚征管合力

（一）"顶层设计+基层需求"推动立项

围绕市局班子最为重视的自然人税收风险管理、征管质量评价，县区局最为关注的"征管主观努力对税费收入贡献分析"，基层分局主动提出的"前台业务量与办税厅布点关系"等13个方面需求，在市级层面进行统筹立项，并在实验室项目管理平台（TITA）进行发布。

（二）"能力专长+集智众包"承接项目

明确具体项目对承接团队人数、成员能力组合等要求，举办"数据实验室"推

介会和培训班，通过大数据分析专题培训、运用"世界咖啡馆"模式进行思想碰撞、市局领导带头开展思想动员和项目运作案例剖析等活动，激发业务骨干的参与热情和干劲，打破区域、部门、层级限制，由54名业务骨干组成13个团队进行项目承接。

（三）"模板示范+导师帮带"优化保障

借鉴项目管理经验做法，通过前期试运行，专门编制出项目运行模板和相关文本，规范项目工作流程和方法，"实打实"地指导团队开展项目运作，有效管控项目完成质量。组建业务、技术、综合等领域的业务骨干和兼职教师建立的16人导师团队，发挥传帮带作用，推动"创新+经验"的有机融合，实现"工作推进"与"骨干培育"双赢推进。

（四）"积分排名+绩效运用"突出激励

借助项目管理TITA平台，建立全面量化的项目考核指标，推进项目运作可记录、可留痕、可监控，并定期通报项目进度。根据项目难度、运作进度以及个人贡献度，推行个人、团队和导师积分排名制。融合绩效管理，加大结果运用力度，对排名靠前人员及所在单位均给予绩效加分，推动各团队通过抢任务、赚积分、争排名的形式进行良性竞争，持续激发"数据实验室"活力。

二、突出精准落实，点面结合扩大创新效应

（一）"基层视角+全局思维"精准制导

借助数据分析，实验室着力解决税收征管中"屡查屡犯"和"此消彼长"的顽疾，充分发挥众包团队成员来自不同区域、层次和业务线条的特点，从基层视角深层次剖析问题发生的范围、强度、土壤和根源。同时，由市局科室和县区局正职领导担任顾问，与每个项目团队进行交流，引导项目众包团队结合潮州实际，提出解决顽固性问题的思路、办法和措施。

（二）"典型经验+复制推广"拓展成效

在众包团队提交的工作方案获得认可后，由市局选取典型基层单位作为试点，由项目团队直接到试点单位进行"实战演练"。如项目"日常数据需求及培训"和"自然人税费征管体系"，众包团队提出具体解决方案，并选择在潮州市湘桥区局进行试点，力求全面检验方案的可行性、科学性和实用性，并按可制度化、可流程化、可标准化和可数据化要求进行完善优化，总结提炼后成为全市性可复制推广的实践方案。

（潮州市地税局）

三轮改革，改出专业，改出质量
——罗定地税推行专业化税源管理新模式

罗定市地税局根据省局、云浮市局关于探索"专业化"税源管理新模式和"抓大、控中、规范小"的税源分类管理思路，结合罗定地税局的实际情况，罗定地税积极推行适应罗定地税税源结构特色的"专业化"税源管理新模式，从2010年1月起至2017年12月罗定地税局进行了三轮征管体制改革。

一、罗定地税实施专业化税源管理新模式

根据省局提出的建立"以信息共享为基础，以分类管理为核心，以征管流程为导向，优化服务，强化评估"的专业化税源管理新模式工作思路为指导原则，根据我局的税源管理人员较少、管辖地域范围较大且业户分散等特点，采用机构外分离和机构内分离相结合的管理模式，对机构职能、管辖范围进行重新调整。

（一）完善架构，明确职责

（1）机构职能的重新调整。按省局"抓大、控中、规范小"的要求，我局的思路是"整合资源、集中征收、强化管理"，对城区、附城、黎少、素龙、船步五个邻近市区的税务分局整合，实行机构外分离模式管理；对罗镜、苹塘、泗纶三个分局采用机构内分离模式管理。

（2）机构的管辖范围作部分调整。实行与国税管辖范围相一致，以方便纳税

人、优化服务为原则。

（3）确定重点税源和一般税源的界定标准。根据《广东省地方税务局税源分类管理暂行办法》的要求，结合我局的实际，把税源分为重点税源和非重点税源两类：

①重点税源：新登记的注册资本1 000万元以上（含）的企业（专业合作社除外）；代征单位；上年度纳税额10万元以上的纳税户（餐饮、娱乐、住宿行业除外）；上年度年销售（营业）收入600万元以上的业户；省、市、县重点投资项目；建安、房地产业（含外出外来经营项目，罗镜、苹塘、泗纶三个分局的外出外来经营项目实行属地管理）；金融保险业；列入省、市重点监控的企业。

②非重点税源：除重点税源管户外的企事业、社会团体、其他组织；纯扣缴个人所得税业户；辖区内餐饮、娱乐、住宿业户；辖区内专业合作社；个体工商户（含自然人）；临商业户。

其他情况说明：因纳税额超过或未达到10万元、销售（营业）收入超过或未达到600万元需要调整管理分局的，在新登记的第三年的1月份进行调整并只调整一次，特殊情况的由市局确定。另外，如出现争议的业户管辖权问题，由市局根据实际情况安排划分。

（二）完善"专业化"税源管理配套措施

（1）出台实施"专业化"税源管理的一系列制度和举措。一是完善人员岗责，规范征管流程。以省局征管规范为蓝本，规范了各系列和各岗位的业务操作，加强了工作衔接及监控，为推行"一窗式"服务奠定了基础。二是规范完善征管资料档案管理。出台了《罗定市地方税务局税费征管资料管理指引》，定期或不定期对各分局征管资料进行检查，发现问题及时整改，确保征管资料收集齐全，保管安全。三是出台激励式绩效考核办法，激发队伍内动力。在全局推行新的绩效考核办法，《考核办法》着眼于全面健全激励竞争机制，以"排位制""奖前制"和"拿分制"为主要特色，针对日常工作存在的薄弱环节和执法方面存在的问题，进行重点考核，并将考核结果与奖励直接挂钩。四是建设好新型办税服务厅。按照省局、市局规范办税服务厅、提升纳税服务质量的工作要求，从2010年1月开始我局全面启动新型办税服务厅规范建设工作。五是利用信息化技术，不断优化征管、执法、服务体系。充实税收信息开发力量，对征管、执法、服务等工作进行优化攻关，进一步提升执法与服务水平。

（2）加强重点税源的管理。①明确重点税源管理分局职责，理顺重点税源管理分局、股室、基层分局之间的工作职责和衔接。②管理员在每月月初准确收集所有重点税源户当月预计的税收入库计划，使预测数据能准确到户，税源预测的准确度大大提高。纳税评估分局通过充分运用各种信息资料，加强分析评估。③加强重点税源的日常管理。一是加强一次性税源管理；二是认真开展税收专项检查工作；三是加强信息收集，通过报章、互联网等多渠道收集市内工程建设动态，有效监控税源。

（3）加强非重点税源管理。一是完善税收执法制度。对非重点税源户坚持依法治税，严格按照法律法规的要求执法，按程序规范操作，对门前开票和纳税核定实行前台初审、后台复审和分局长最后把关的"三重把关"制度，并强化催报催缴工作，出台查账和"双定"的界定标准。二是严格税收执法责任制。通过加强效能考核，充分发挥督导员的作用，推进执法检查日常化。利用省局惩防体系信息管理系统，加强监控，促使预警逐步减少。三是推出税法公告制度。定期对查账征收企业集中进行税法公告和纳税辅导，向纳税人派发各类税收政策资料，举办各类税收培训班，向纳税人宣传税收政策。

二、罗定地税"专业化"税源管理的成效

一是税源管理水平稳步提升，加强了对各类税源户的监控，税源监控准确率、纳税申报准确率都大幅提升。

二是纳税服务质效提高。设立专职服务大厅，合理整合人力资源，服务质量得以提高。

三是税收执法风险下降。实施专业化管理后，税管员日常工作事务减少，加强了对重点税源户的纳税辅导；执法统一，重点税源集中控管，打破了地域限制，堵塞了征管漏洞，实现了依法治税，防范了执法风险。

四是强化纳税评估。成立了纳税评估管理分局，对重点税源户的申报情况真实性、准确性加强审核和评估，提高企业纳税申报率和准确性，有效促进税收及时、足额入库。

五是促进收入增长成效明显。专业化税源管理新模式实行后我局税收收入连创新高，为每年完成税收任务打下坚实基础。

六是分局工作水平全面提升。重点税源集中控管后，分局腾出了更多精力，在进一步优化业务流程、强化内部管理、提升纳税服务和规范税收执法等方面下功夫，成效明显。

　　七是人员队伍更趋专业化。重点税源集中控管后，各类管理人才分工更加精细，市局打造了专业化的重点税源管理团队、纳税评估团队、一般税源管理团队、个体户管理团队。各支队伍各有所长，为全面实现科学化、精细化管理奠定了基础。

　　八是监督更加到位。对重点税源和税收管理员的工作，在全市范围内构建起"重点税源管理分局、纳税评估分局和基层分局"的三层立体式监控体系，有效堵塞管理漏洞，廉政监督更加到位。

　　尝试专业化税源管理模式，构建税收增长长效机制是一项长期的工作。罗定地税在此项工作上所做的大胆实践，极大地促进罗定地税各项工作水平的提高和税收任务的完成，面对新形势对税收管理的更高要求，罗定地税将继续踏实前行，积极稳妥地探索发展之路，最终实现税源管理科学化、精细化、专业化的目标。

（云浮市罗定市地税局）

【信息化建设】

金翅舞动，飞抵新高

——广东地税成功上线"金税三期"优化版

2015年1月8日，按照国家税务总局统一部署，"金税三期"工程优化版应用系统在广东地税系统成功上线。作为试点地区之一，广东地税全体人员上下同心、精益求精做好"金税三期"工程优化工作及上线准备工作，为"金税三期"工程优化版插上"金色的翅膀"，在中国税收信息化发展史上写下了浓墨重彩的一笔。

一、勇担重任，引领优化

"金税三期"工程被称为全国税务系统第一信息化工程，是税收信息化发展的重要里程碑。按照国务院和相关部门的规划，其目标是要建成一个年业务处理量超过100亿笔、覆盖超过80万个税务机关内部用户和管理过亿户纳税人的现代化税收管理信息化系统。

2014年2月，根据"金税三期"工程在山西、山东和重庆三地上线运行情况，国家税务总局经过详细论证和科学决策，决定全面启动"金税三期"工程优化实施工作，对"金税三期"工程原有系统进行整体优化重构，力求建设一套更稳定、更好用、更准确的系统。"'金税三期'工程要为税收事业科学发展、跨越发展、长远发展插上'金色的翅膀'。"国家税务总局局长王军对此提出殷切期望。

根据国家税务总局部署，"金税三期"工程优化版开发基地设在广东南海税务信息处理中心。接到任务后，广东地税将"金税三期"工程优化版列为全局一号工程，全省地税300多名骨干齐聚桃园，近3万名税务人员后方支持，全力以赴做好优化试点工作。

二、攻坚克难，砥砺前行

广东地税作为全国税收总量占比最大、业务量最多、业务最复杂的省级地税部门，面对"金税三期"工程优化的高目标、高要求，以强烈的使命感迎难而上，开展了一系列业务、规划和管理创新。

（一）创新手段攻克技术难关

重新打造"金税三期"工程优化版，需要全方位提升已开发软件性能。广东地税认真分析需求，通过调整应用系统间的数据共享策略、强化服务设计理念等措施，让数据框架、工作流、服务体系和关键技术等得到明显优化。通过优化配置、比对选择和技术测试等手段，使系统更符合全国通用要求和业务操作实际，解决了全国统一执法、统一征管数据监控、统一纳税服务、统一管理决策的问题。

（二）精益求精进行业务梳理

根据国家税务总局"标配"加"选配"的设计思路，扎根基层实际，深刻理解系统特点及业务模式。一是重建业务标准。立足"金税三期"工程基本业务要求，统一梳理和明确我省地税系统各类业务规范和标准，合理调整现行业务流程，全面解决部分流程不适应、各地业务差异大的问题。共整理业务清单1 016项，修订完善891项底层业务文本，以满足"金税三期"工程上线后税收征管工作发展需要。二是重整业务差异。始终将新旧系统的差异分析作为完善"金税三期"工程的重要切入点，重点检验"金税三期"工程业务模式和功能设置能否满足前台业务、各地特色和纳税人体验需求，深挖业务差异，对碰出业务差异572项。针对大企业管理、省直属征管单位管理、外出外来税收管理等特色业务和管理模式，在全省范围内先后召开18次试点办会议专题分析，提出合理优化需求、业务重组等方案。

（三）细致纠错严把数据迁移质量

完成涉及126个岗责、276个流程、2 238个功能的系统初始化配置，开展6批原有"大集中"征管系统的数据清理补录。按照"金税三期"工程要求，细致比对核心征管软件的前台、后台数据，开展了5轮迁移演练，把历史数据迁移到新系统中，涉及101个清理事项、433万条清理数据，24.5亿条迁移数据，使业务不因系统切换而导致割裂，为新旧系统的业务衔接和延续提供支撑，有效提高了数据质量。

（四）严谨有序对接特色软件

"金税三期"工程上线前，广东地税电子办税服务厅和税源管理平台等特色软件承担了全省85%的业务量，影响全省5 088万纳税人和缴费人业务办理，能否对这些本地软件进行合理取舍、科学改造、顺利接入，关系到正常业务办理，关系到"金税三期"工程核心系统的先进性、兼容性和稳定性。对此，广东地税以"系统先进性不降低、纳税人办税体验不降低、个性化需求尽量保障"为原则，一是创新接入方式，采用"金税三期"工程与特色软件兼容方式，为外出外来经营管理、双定户管理、个税管理以及房产交易数据利用等业务预留了管理创新空间；二是充分评估，对在用的47个特色软件进行全面评估，梳理需要接入"金税三期"工程的功能，集中整合到税源管理平台、电子办税服务厅、自助办税终端等7个特色软件，确保接入软件尽可能少；三是分批接入，依据业务适应度、功能优先级、影响面以及业务量，将1 078个关联关系、680个业务功能、391个服务调用分阶段接入，确保上线后特色软件均平稳运行。

（五）稳扎稳打推进分步测试

坚持"在真实业务环境中进行系统测试"的测试要求，检验"金税三期"工程的系统周密性和业务适应性，着力解决业务差异、基层操作、纳税人体验等问题。一是开展内部集中测试。配合总局系统用例分批投放安排，针对房屋土地登记等50多项重点业务，启动省、市、县（区）三级集中适应性测试。组织两轮人海压力测试，单轮测试人员达1.9万人，累计测试业务61.6万笔。使大量系统问题在系统正式上线前就被暴露、解决。二是稳妥推进双轨运行。2014年9月30日，在业务差异较多或基础较好的广州等五市（区）基层分局率先启动双轨试运行，10月24日扩面至惠州等五市，业务种类覆盖率100%，11月起全省推行，12月全面推行全员、全量、全业务双轨运行。双轨运行期间，全省地税共完成测试业务85万笔，向总局提交问题2 687个，解决问题1 722个，实现全员彩排。三是编制常见问题集。梳理双轨运行期间各地市出现频次较多、基层人员反映最大的问题，编写常见问题集，提供操作指引，规范系统操作，使新系统正式单轨运行后，问题发生量大大减少。2015年系统上线后，系统整体运行稳定，首个税期便办理了2 070万笔的巨量业务，纳税人普遍表示满意。

三、成效斐然，影响深远

"金税三期"工程优化版系统在广东上线以来，在提升执法水平、加强税收管理、促进税收收入、便捷纳税人办税等方面起到了关键作用，为"金税三期"工程在全国推广上线提供了一个可移植、可扩充、可兼容和可信赖的版本，先后分四批在全国推广上线，2016年10月实现了全国覆盖，开启了我国税收信息化的新纪元。

（一）"金税三期"工程对创新税收管理理念的作用

更加明晰征纳权责。"金税三期"工程以依申请、依职权区分业务事项，构建起以纳税人自行申报为中心，突出先办后审、后续管理的办税体系。把纳税义务还于纳税人，使税务机关把更多的资源投放到数据深挖、风险防控上。促使管理方式从前置审核向后续管理转变，管理重心从一般性管理向风险管理转变。

首创税收全员建档。"金税三期"工程针对所有办理涉税（费）事项的组织和自然人建立税收档案，确认组织和自然人通用的唯一有效身份证明，改变了以往基于税务登记制度的税收建档模式，实现全员建档，强化自然人税收管理，为个人所得税综合税制改革、财产税深化改革等奠定前期基础和提供数据准备。

（二）"金税三期"工程对提高地方税收收入的作用

"金税三期"工程为实现税收收入提供了有力的信息化支撑，2015年，广东地税组织税收收入4 339亿元（不含深圳），同比增长11.66%，为广东省委省政府各项决策部署提供了坚实的财力保障。

为堵漏增收提供数据保障。"金税三期"工程数据高度集中，内部数据口径统一，采集应用质量高，为跨税种、跨行业、跨地区的税收监控提供了技术支持，极大促进税收管理全面化，减少因数据割裂造成的漏征漏管，有效防止税款流失。上线一年来，广东地税利用"金税三期"工程的后台数据，深入开展税收专项检查、重点税源企业随机抽查和区域专项整治，大力整顿税收秩序，2015年查补税收收入250.99亿元。

（三）"金税三期"工程对夯实税收管理基础的作用

实现税收业务规范统一。"金税三期"工程全面落实征管规范及纳服规范，业务框架实现双覆盖，覆盖各层级地税机关征管的全部税（费）种，覆盖对纳税人税务管理的各个工作环节。作为"金税三期"工程优化版第一批上线单位，广东地税从一开始就明确依托"金税三期"工程落实征管规范和纳服规范的清晰路径，通过严格按照"金税三期"工程系统设置的流程环节、表证单书、报送资料、办理时限来办理各类管理服务事项，面向纳税人打造《办税指南》，面向税务人员打造《业务指引》，细化规范，确保税收业务的规矩不变形、标准不走样。

提升征管创新积极性。"金税三期"工程上线以来，广东地税把握新趋势，积极开展征管方式的创新和实践。目前已实现涉税业务全省通办，纳税人可以"就近办税，一厅搞定"，极大地方便了纳税人。部分地市以"金税三期"工程为载体推进税收专业化管理试点工作，梳理前后台岗责体系、确定不同管理流程、探索税收大数据深度应用。

（广东省地税局征管和科技发展处信息中心）

勇当试点，敢吃螃蟹

——广东省国地税共建全国首个省级电子税务局

广东省国地税部门围绕贯彻落实《深化国税、地税征管体制改革方案》，主动承担了国家税务总局建设电子税务局的改革专项试点任务。2016年6月29日，全国首家国地税业务深度融合的省级电子税务局——广东省电子税务局顺利上线，有效发挥了方便纳税人办税、分流前台业务量、实现税企"双减负"的作用，以高效便民、平稳运行的姿态赢得了纳税人的高度认可和社会各界的广泛好评，实现了"进一个门、办两家事、省多方力"的效果。

一、目标

按照"互联网+税务"的理念，以纳税人需求为导向，以全流程无纸化办理为原则，以现有各类办税及服务信息系统为依托，构建以纳税人为中心的"引导式+体验式"办税。建设全省国地税统一电子税务平台，实现数字证书认证体系互认，打造全省电子办税服务体系。全面丰富和完善涉税业务，拓展和补充服务事项，全面提升办税服务水平和征管工作的质效，打造全管理流程和全服务流程的业务闭环。

二、主要功能

广东省电子税务局采用互联网、云技术和大数据等新一代信息技术，以纳税人为中心，整合线上线下办税资源，着力打造以业务功能全覆盖、业务流程全电子化的智慧电子税务局。实现全功能业务，包括申报缴税、事项办理、办税服务、待办提醒、发票管理、涉税查询、征纳互动、用户管理八大类国地税融合业务、国税专用项和地税专用项业务功能的网上办理。

三、系统架构

广东省电子税务局勇于向阿里巴巴、腾讯、网易等国内一线互联网企业取经，引入最新信息技术搭建先进的税务管理服务平台。一是"云技术"领航。充分融合"互联网+"理念，搭建标准统一的税务系统内部基础设施云，并充分利用社会云服务资源，实现公开类信息的高速访问。以云计算架构为基础，引入大数据处理、智能Web、智能消息推送、服务化架构等先进技术，将电子税务局打造成高效可用的应用服务集成平台。二是"一体化"建模。广东省电子税务局依托"外网受理、内网办理、外网反馈"的一体化应用模式，根据"对外一个门户、对内一个平台"的形式，按照满足"基础+增量"的用户承载量搭建技术框架，建设覆盖纳税人、税务人员、社会公众和中介机构四类群体用户的平台。

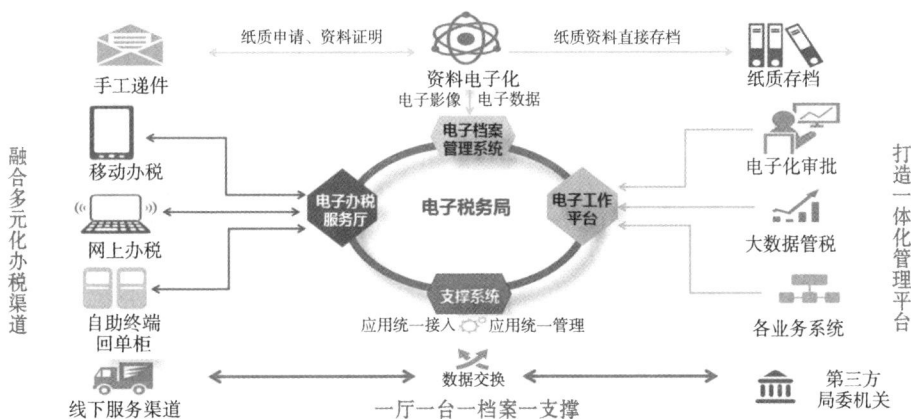

广东省电子税务局运行图

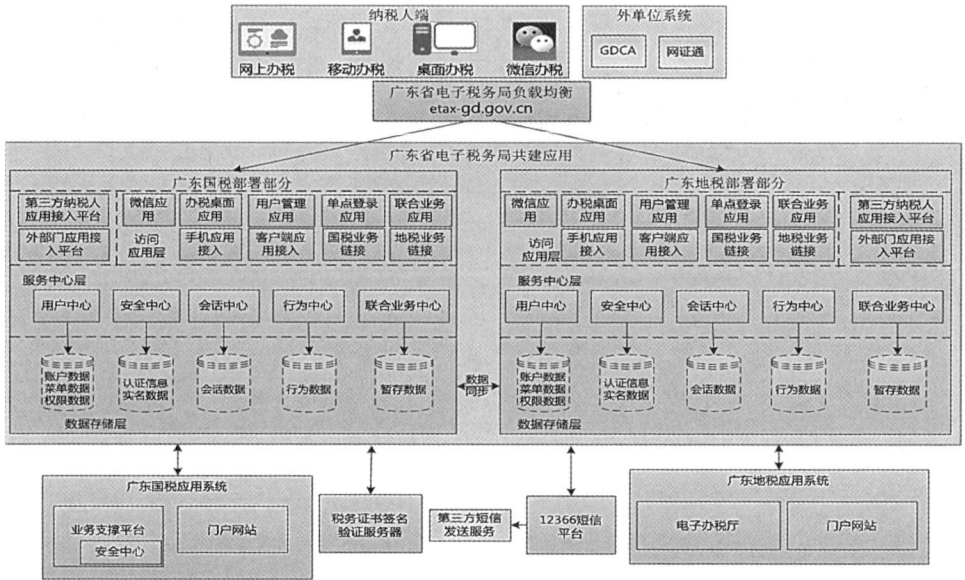

广东省电子税务局技术架构图

四、应用效果

围绕"打造全国一流的电子税务局"的工作目标，电子税务局建设过程中注重打造并突显一批具有浓厚广东特色的创新亮点，取得了较为突出的成效。

（一）率先实现国地税深度融合

广东省电子税务局是全国首家国地税合作建设的电子税务局，有力推动广东税务工作实现信息高度聚合、服务深度融合、执法适度整合。一是业务关联。电子税务局以同一个门户融合国税、地税两大业务平台，实现纳税人在网上"进一家门、办两家事"，有效解决困扰国地税纳税人多时的多头跑、多头报、多口径等问题。比如，纳税人在电子税务局申报增值税后，系统可自动带出数据，协助直接完成地税有关税费的申报业务，无须转接到其他端口。二是数据双备份。依托混合云技术模式，打造国地税"双中心"互备部署架构，通过负载均衡强化了系统安全，有效支撑百万级数量纳税人的安全访问与使用，并降低了运营成本。三是界面一致。坚持标准化建设，全面对接国税业务和地税业务，规范服务接口，形成界面一致、权限一致、流程相似的集成门户，并通过对国地税现有的用户体系全面整合，实现用户单点登录和用户权限统一管理。四是信息互通。依托电子税务局的强大数据交换功能，实现国地税双方省、市、县（区）多级涉税信息实时互通，双方共享数据达100亿条，最大限度地释放涉税大数据的创新潜力，有力促进了信息聚合和风险管理。同时，也轻松实现纳税人涉税资料一次提交、两局共享、多次使用，推动纳税服务的优化。

（二）具备强大的办税服务功能

广东省电子税务局具备强大的办税服务功能，纳税人通过电子税务局可以完成所有日常办税业务。一是丰富的应用中心。广东省电子税务局包括17个应用中心，集成了申请中心、联合业务中心、用户中心、实名制中心、安全中心、O2O中心、申报中心、会话中心、消息中心、纳税服务中心、管理中心、发票中心、税收执法中心、纳税人中心、档案中心、行为中心和流程中心等，全面高效支持各项业务应用的运行。二是全面的办税服务。以现有各类办税及服务信息系统为依托，广东省电子税务局将涉税业务办理从门前转移到网上，全面丰富和完善涉税业务办理，包括在电子办税服务厅实现涉税业务的网上预约、网上申报、申请办理与涉税文书申请审批。纳税人可在网上提交涉税申请、上传涉税资料、查看办理结果、网上出具税务文书，实现涉税业务的网上快速处理、办结与反馈。三是多元的办税渠道。电子税务局在网上办理的基础上，综合集成手机、电脑、自助、线上、线下等办税服务渠道，最终结合数字证书机制，在有效保障纳税人数据安全的基础上，建立更为有效与完善的身份认证、通讯加密和防抵赖全方位网上办税管理体系。四是便捷的缴退款方式。电子税务局具有强大的在线收付功能，支持三方协议、银联付款等多元化缴税方式，极大地便利纳税人。同时，税务机关也可通过多元化方式将退税金额汇至纳税人账户上，纳税人无须到税务机关排队领取。五是实现"全省通办"。广东省电子税务局实现国地税双方省、市、县（区）多级涉税信息实时互通，实现了税收虚拟化管理的全域覆盖，打破了原有的属地限制，有力推动了税收业务办理的"全省通办"。

（三）突显线上线下办税同质化

广东省电子税务局基于全国纳服规范、征管规范和国地税合作规范进行开发，其功能与实体办税服务大厅功能一致，具有线上线下同质的特点。一是业务功能一致。纳税人在实体办税服务厅办理的各种涉税事项，如申报业务、发票业务、查询业务、信息咨询等，均可以通过电子税务局办理。开发工作全面完成后，电子税务局将可实现832项业务功能的办理，其中国地税融合事项118项，实现了国地税全业务覆盖。二是办税流程一致。电子税务局的工作流程全部基于实体办税流程进行梳理整合，方便纳税人和税务人员无缝对接和无障碍办理，实现了线上线下税收征管与纳税服务工作全流程一致。三是业务标准一致。电子税务局严格按照税务总局有关国地税合作规范、征管规范和纳服规范进行设计实施，并基于"金税三期"工程优化版进行开发，有效确保税收业务办理"全省一个标准、全省一个模式"。四是办税效力一致。通过电子印章和电子文书验证技术，有效保障了网络办税的效力。办税过程中产生的相关凭证资料可由纳税人随时下载或打印，并支持电子查验。纳税人在电子税务局上办理的纳税事项，与在实体办税场所办理的纳税事项具有同等的法律效力。

（广东省地税局征管和科技发展处信息中心）

微信一点，轻松多D
——广东地税构建全方位移动办税服务厅

广东地税坚定不移走科技兴税之路，主动拥抱"互联网+"潮流，准确把握政府服务对象网民化、用户终端移动化、服务需求多样化等新趋势，依托最大用户群体的移动即时通讯软件——微信，推进政务服务手段创新，受到纳税人的普遍点赞。截至2018年5月，广东地税微信办税累计业务量超过1亿笔，减少纳税人上门次数近千万，为纳税人减负逾10亿元，先后获"最受用户喜爱政务服务""广东省十大最具影响力政务微信""广东省直机关工作技能大赛工作创新类第一名"等荣誉。

一、背景

（一）响应"互联网+"行动计划，提升政务服务水平

国务院、广东省委省政府、国家税务总局均明确提出，要加快推进互联网与各领域深入融合和创新发展，为群众提供全天候、零距离的网上政务服务。把握"互联网+"发展新机遇、打造政务服务新平台已成为税务部门提升纳税服务、优化征管格局的重要契机。

（二）深化税制改革提出能力新要求

财政部长楼继伟指出，个人所得税和房地产税改革要解决信息收集、征管能力难题。要破解难题，税务机关就要打破传统上对自然人税收管理以单位企业代扣代

缴为主的征管模式，构建以自然人为主体的新型服务渠道，直接服务自然人纳税人。我省涉税自然人超过4 000万，远远超过企业纳税人数量，随着深化税制改革的不断推进，税务部门应对自然人税收服务和征管要未雨绸缪。

（三）自然人日益增长的涉税需求、移动技术的进步，倒逼税收服务手段升级

随着社会物质文化生活的不断进步，自然人涉税需求日益增长，一是自然人对个人税收知情权、保障权的要求不断提高，有获知单位、企业代扣代缴个人所得税和社保费缴纳情况的迫切需要；二是自然人办理购房、信贷、信用、出境、车辆年审等事项均有获取税收证明的需要；三是自然人自行缴纳个人所得税、社保费、车船税的业务日益增多。自然人涉税业务和手机应用深度结合，可让自然人利用碎片时间，轻松便捷实现和税务机关"零接触"办税。

（四）对广东地税电子办税成效的继承和不断发展

从2005年建设全省统一的网上报税系统起步，发展到电子办税服务厅、自助办税终端、国地税共建电子税务局完整电子办税体系，广东地税业务已经实现线上线下同质化、无纸化，每年超过1.6亿笔业务通过网上办结，占比超过80%。2015年8月，广东地税全新推出微信办税，以"自然人办税的微纽带，企业管理者的税务管家"为定位，是广东地税在构建完善电子办税体系上的又一次创新探索。

二、功能内容

广东地税移动办税服务实现申报缴款、信息查询、凭证开具、凭证查验、信息提醒、辅助服务等6大类71项税费服务事项，提供包括个税缴纳情况查询、房屋契税查询、车船税缴款等功能应用。其中，个税缴纳情况查询、个税完税证明开具和查验、社保费缴费记录等3项涉及公众民生服务的功能同步在微信"城市服务"渠道上线。2017年，广东地税微信服务已接入广东省网上办事大厅、广东发布、腾讯新闻App民生页卡、南方新闻客户端等移动服务渠道。

三、创新亮点

对标国内其他地区的做法，广东地税微信办税实现了"五个全国首创"。

（一）首创网上办税实名制

针对纳税人对个人信息泄密和资金安全的担忧，广东地税微信办税通过微信绑定银行卡的信息实现用户身份绑定，而且纳税人缴纳的税款做到当天缴入国库，充分保障用户的信息安全与资金安全。

（二）首创电子证照体系

2017年，广东地税微信办税实现了税票、证明、文书等电子证照化，且电子证照效力获得房管、车管等部门认可。这意味着纳税人不用再为一张完税证明而跑断腿，不用再为了审核盖章而坐弯腰，就可以轻松开具和查验多项涉税电子证明、税票和凭证，同时扫描电子凭证上的二维码，马上就可以对电子凭证信息辨别真伪。

（三）首创全省业务统一体系

过去，政府部门信息系统重复建设、资源重合的问题受到诸多批评，广东地税微信办税从开始研发就坚持以全国税收征管和服务规范为基础，实现了业务、数据、系统三统一，全省各地可根据实际需要共享数据和基础功能，有效避免省市多级重复建设的问题。

（四）首创数据增值服务体系

广东地税微信办税目前已建立超过800亿条的庞大涉税信息库。通过运用大数据技术，深度分析800亿条涉税信息，准确统计和查找纳税人的申报缴纳情况、信用情况和税务风险等，并通过"税务管家"功能无偿、主动地推送给纳税人，为纳税人防控涉税风险、提升经营管理水平提供有效参考，避免了较普遍存在的纳税人因对涉税风险不了解而产生不必要的处罚。

（五）首创开放共享体系

广东地税微信办税突破部门公众号的覆盖局限，积极拓展与第三方平台的合作，为全省个人提供多元化的访问入口。目前，广东地税微信办税已接入微信城市服务、广东省网上办事大厅App、广东发布、省市县各级地税微信服务号等渠道，形成一张高度协同的服务网络。开放的理念也进一步增强了广东地税微信办税的生命力。

四、创新成效

（一）办税便捷，绿色环保，广受欢迎

截至2018年5月，全省微信办税用户已超过1 500万，实名绑定用户达813万，办税业务量超过1亿笔。广东地税微信办税获得第二届世界互联网大会"微信·连接改变城市"分论坛"2015年最受用户喜爱政务服务"、2016年省直技能大赛"工作创

新"类第一名等荣誉，获得业界高度认可，有力提升了地税部门形象。

（二）创新建立税务机关和自然人的连接渠道，提高信息收集和征管能力

在提供优质服务的同时，广东地税不断优化和扩展自然人数据库，取得和自然人纳税人的紧密联系，提升征管能力，提前探索解决地方税制改革的征管难题。

（广东省地税局征管和科技发展处）

推行主动服务　保障底线民生

——广东地税打造政务信息系统整合共享试点应用示范工程

广东地税着力践行以人民为中心的发展思想，持续深化"放管服"改革，依托广东省政府电子证照应用体系，加快与广东省残疾人联合会等部门的数据交换共享，打造广东省政务信息系统整合共享试点应用示范工程，为残疾人等特殊群体提供税收减免主动服务，惠及全省28万就业残疾人，预计每年减免税收9 000万元。该项目被广东省推选为政务信息系统整合共享应用试点项目，入选国家发改委全国首批典型案例。

一、案例背景

为解决各部门信息系统建设因彼此独立、数据标准不统一而导致的各自为政、条块分割、信息孤岛等问题，广东省致力于打造政务电子证照体系，依托数据交换共享，推进政务信息系统整合共享。"政务信息系统整合共享"以提升"网络通、数据通、业务通"能力为核心，探索协同应用的有效模式和措施为手段，进一步强化跨地区、跨部门、跨层级的系统和数据紧密结合。

推进残疾人税收减免主动服务是我省"政务信息系统整合共享"的重点任务之一。在传统方式下，残疾人享受个税减免优惠存在流程烦琐、享受比例低等问题，国家的税收惠民政策难以落到实处。一是残疾人群体获知优惠政策的渠道有限，地税部门通过新闻、报纸等传统媒体宣传手段难以做到精准宣传；二是流程繁复，残疾人办理该项业务时，需要自行到残联部门办理残疾人证，再到税务部门进行优惠备案，然后再告知其所知单位在进行个人所得税代扣代缴申报时进行减免，环节较多，操作复杂，对残疾人而言非常不便。目前，全省核发残疾人证115万份，其中就业人口27.7万，但该项税收优惠减免有效备案数量仅3 895笔（人），距离让税收优惠"应知尽知，应享尽享"的目标存在较大差距。

二、整体情况

作为广东省"政务信息系统整合共享"垂直试点单位，广东地税在广东省政府的统筹下，以"信息高度聚合、服务高度融合、执法适度整合"为主要思路，在实现全省信息系统应用与数据集中管理的基础上，制订《残疾人个税减免主动服务应用实施方案》，积极与有关部门联系，推进电子证照应用工作，以数据交换共享为抓手，加快推进部门间业务协同，推动政务服务和管理高度融合。

三、成效与亮点

（一）线上办理"零跑动"

针对传统优惠政策备案流程烦琐、残疾人在残联与税务部门之间"来回跑"的情况，提供全线上备案服务，让纳税人"多跑网路，少跑马路"。残疾人或所在单位通过实名认证登录广东省网上办事大厅，系统自动调用残疾人证等电子证照信息，一键确认，即可完成备案、享受个税优惠，全程无纸化、零跑动。

（二）精准推送提效能

针对残疾人群体获知优惠政策渠道有限、政策宣传精准度不高的问题，提供精准到人的主动服务。全量比对个税纳税人数据与残疾人电子证照数据，对符合减免政策却未享受税收优惠的纳税人，点对点推送税收减免政策和备案提醒，提升政策宣传针对性，主动提醒残疾人或所在单位办理个税减免备案，降低纳税人成本，提升征管效能。

（三）信用共治防风险

针对纸质备案难以校验资料真实性的问题，通过数据在线校验，防堵征管漏洞。全量比对已享受残疾人优惠减免的纳税人数据和残疾人电子证照数据，将疑点数据推送主管税务机关逐条核查，对核实骗取税收优惠的纳税人依法处理，并将违法信息交换到政府信用数据库，预警失信行为，共建社会信用体系。

四、前景展望

广东地税将加快复制推广残疾人税收减免主动服务试点应用成果，逐步将服务对象扩展到孤老、烈属、退役军人等特殊群体，将服务范围逐步拓展至402项税收优惠，实现税收优惠"应知尽知，应享尽享"，持续优化特殊群体就业环境，保障底线民生。

（广东省地税局征管和科技发展处）

基于互联网生态，实现大数据管控
——广东地税建设数据综合应用系统

一、项目背景

在"互联网+"、国家大数据战略背景下，数据已经成为经济社会发展的驱动力、重要的战略资源和核心资产，数据价值的挖掘与利用将不断提升国家治理现代化水平。与此同时，深化国税、地税征管体制改革、落实行政审批制度改革、商事制度改革、探索"互联网+税务"、构建基于互联网生态的新型征管模式等都要求税务部门充分利用和发挥数据的价值及作用。

2015年，省局立项数据综合治理规划和平台建设项目（一期），开展数据综合治理规划。2016年，省局开展了数据管税实践与思考的课题调研工作，提出针对当前系统林立、数据割裂、应用分散的现状，从全局高度做好数据管税的顶层设计，规划好数据应用系统体系。在统一的数据应用体系框架内，建设数据综合应用系统，推动数据应用系统整合是推动我省地税税收管理方式向数据管税转变，实现税收治理现代化的核心工作之一。

基于数据综合治理规划、数据管税调研成果，以及为落实2017年全省信息化工作会议关于构建基于互联网生态的新型征管模式的要求，推动税收征管方式由经验管理向大数据管理转变，省局建设了数据综合应用系统。

二、建设情况

广东地税数据综合应用系统于2017年3月启动。建设期间多次到广州、中山、佛山等地调研业务需求，选择税费收入分析与征管状况分析为切入点建设示范性应用，分批试用，迭代优化，不断丰富系统功能，数据应用体系初步成型。

2017年9月，系统在广州、佛山、韶关、惠州、东莞、中山六市试点运行，有效提升税费收入分析效率和实现征管状况监控日常化。12月，实现了数据综合应用系统的大屏展示，通过"首页+收入分析+税源分析+办税服务+管理执法"等模块内容展示广东地税数据管税的成果。

根据试点单位的运行情况与反馈意见，省局对系统功能的业务内涵、组织体系等方面进行了调整优化，有效提升了用户体验。2018年3月完成了系统门户优化工作，并于5月3日在全省推广应用，现已上线应用了174个示范性应用功能，其中收入分析37个、税源分析61个、办税服务7个、管理执法69个，涉及国税数据应用的功能53个，接近三分之一。

三、系统定位

（一）转变征管方式、推进大数据管控的重要支撑

系统按照收入分析、税源分析、办税服务和管理执法四个主题组织应用，强化了事中事后分析和风险监控，为分类分级管理和风险管理提供数据基础。加强系统应用，能够有效促进"数据管税"水平的提升，形成"用数据说话、用数据决策、用数据管理、用数据创新"的机制。

（二）提升税务人员数据应用能力的有力抓手

系统采用图表化和可视化的方式直观展现数据，使税务人员能够便捷地获取数据、读懂数据。通过对数据的多维分析和数据钻取，能够快速精准定位问题，有效支撑业务开展，进而培养税务人员"用数"意识，提升税务人员数据应用能力。

（三）落实政务信息资源整合的必然要求

系统按照《2018–2020年信息化工作规划》及信息资源整合相关要求建设，是省局"一局一台一库"的重要组成部分，系统有效整合数据应用类信息资源，打造全省统一、上下协同和全面互通的数据资源库，统揽内外部数据，实现分散数据的集中和管理，做到数据数量多、数据质量高、数据有价值，充分体现数据应用类信息

资源整合成效。

四、系统亮点

（一）实现可视化、多维度的数据展现，解决数据不好用、不易用的问题

分析数据实现一人式、一户式和一局式归集，通过图形化、可视化直观全面地展现税收工作现状、发展趋势等情况，为领导决策提供支撑。实现灵活的多维统计分析，分析结果实现多层次钻取和关联跳转，定位问题更加精准，疑点数据更易挖掘；通过清单推送疑点数据，应对更有效。系统已上线可视化页面功能38个，多维统计功能78个，清单查询功能48个，自定义查询功能9个。

（二）实现全局性的数据综合应用，解决数据应用条块分割的问题

从税务局的整体职责和工作内容出发，按照收入分析、税源分析、办税服务、管理执法四个主题，规划建设数据应用功能。已上线的示范性应用主要是围绕组织收入、税收征管、办税服务和管理执法的数据分析，涵盖了税费收入分析、税源分析、征管状况分析和国税数据利用等方面，为业务开展提供了一定的数据支撑。同时强化外部门数据应用，涉及国税数据应用的功能53个，接近三分之一。

（1）税费收入数据的分析应用。系统加强收入的进度监控、收入结构分析和趋势分析，利于全面掌握本单位收入情况，提升收入质量，促进组织收入工作合理高效的开展。

（2）税源管理数据的分析应用。系统从纳税户、自然人、税(费)种等角度加强税源的整体分析；通过深入分析税源基础信息，分析具体纳税人和自然人的涉税信息的基础上，对分类管理进行支撑；重点加强了重点税源和高收入高净值自然人税源的数据分析和应用，提升管理效率。

（3）征管质量监控分析评价。系统支持征管质量监控分析工作，支持对税务人员各项管理服务行为和结果的分析应用，利于税务人员掌握分析本单位征管状况，找出管理盲点，降低执法风险，优化办税效率，提升征管质量。

（4）国税数据分析应用。系统三分之一的应用功能支持国税数据的分析和应用，涵盖了登记、核定、申报、发票等方面数据的比对分析，税务人员可通过系统深入挖掘已共享的国税数据价值，提升国税数据共享与应用效用，为国地税合并过程中相关工作提供数据支撑。

（三）基于全省统一数据资源库，解决数据分散问题

对内集中了省局"金税三期"系统、深圳地税"金税三期"系统、社保系统、电子税务局、自助办税系统、风险管理系统等数据，对外接入了广东国税、工商、残联等部门数据，实现了分散数据的集中和管理。

（四）探索建立协同共建数据应用的机制，解决低水平建设、重复建设的问题

在规范层面，通过编写《数据应用规范业务框架部分》，明确各部门数据应用业务边界；在系统层面，应用开放的数据应用框架，支持省市各部门共同建设数据应用，采用了省市两级数据资源库集中管理机制，推动数据资源在省市两级的共用和共享，发挥各级各部门积极性。

下一阶段，数据综合应用系统将继续围绕构建基于互联网生态新型征管模式要求，基于现有的数据资源库和数据综合应用系统开展优化，扩展其深度和广度，推动税收征管方式由经验管理向大数据管理转变。

（广东省地税局数据应用管理处）

一次都不跑，就能开税票

——广东地税全国首创电子税票

广东地税积极推进"放管服"改革，利用互联网、云计算、大数据等新兴技术，对传统纸质税票应用模式和管理流程进行创造性变革，在全国首创电子税票，实现了"全天候智慧服务、全流程无纸办税、全方位安全防伪、跨部门共享调用、一网通跨境应用"五项"全国首创"，纳税人开具税票"一次也不用跑"，开启了税票应用的新时代。电子税票改革获得了广大纳税人和社会各界的高度赞誉，入选广东省全面深化改革工作十个改革案例。国家税务总局党组书记、局长王军同志对广东地税电子完税证明予以表扬。

一、改革背景

（一）响应供给侧改革背景下优化营商环境的迫切需求

税收环境是营商环境的重要组成部分。随着"一带一路"倡议以及供给侧结构性改革、粤港澳大湾区和自贸试验区建设等战略深入实施，打造法治化、国际化、便利化营商环境，成为适应经济发展新常态、引领新常态的迫切要求。广东地税认真学习贯彻习近平新时代中国特色社会主义思想，积极践行新发展理念，创新推出电子税票，率先实现跨境应用、部门共享。电子税票实现征纳成本显著降低、服务效能明显提升、税收管理更加规范，是广东地税助力打造我省营商环境新高地、深化供给侧结构性改革的创新变革。

（二）响应广东4 600万纳税人、2 700万参保人的便利办税需求

近年来，税票在社会各个领域的作用日益凸显，纳税人办理购房、出国、车辆年审、入学入户等事务时，经常需要提供缴纳税费如个人所得税、社保费、车船税、契税等完税证明。过去，这些税票必须到办税服务厅申请开具，办理时间、地点受到很大限制。同时，广东有4 600万纳税人、2 700万参保人，而全省地税的办税服务厅数量有限。面对广大纳税人的海量需求和办税服务厅资源有限的矛盾，广东地税推出电子税票，有效解决了开具税票排长队、来回跑、耗时长这一重大难题。电子税票实现纳税人随时随地自助开票，是广东地税落实"放管服"改革要求、推进办税便利化的惠民举措。

（三）响应"互联网+"智慧税务新生态体系的构建需求

传统纸质税票管理模式，从省级税务部门印制、层层配送、保管领发，到基层分局开具，再到纳税人手上使用，整个链条管理成本高、管理风险大、应用封闭化、应用效率低，不能适应现代化税收征管要求。电子税票实现税票电子化应用管理，依托互联网、大数据、云计算技术，有效促进税务部门管理流程再造、办税效率提升，打通政府部门之间的信息孤岛、数据壁垒，为全国推行税票电子化应用，构建开放、智能、高效的智慧税务新生态创造了先行经验。

二、主要做法

广东地税积极落实"放管服"改革要求，以纳税人需求为导向，2017年2月28日，在全国首创电子税票，7月1日起全省全面推广，率先实现跨境应用、部门共享，提供智能高效、便捷普惠的办税服务。

（一）全国首创全天候智慧服务

电子税票可7×24小时在线实时取得，纳税人通过电子办税渠道即可自助开具个人所得税、社保费、契税、车船税、企业所得税等各种税费的完税证明，全面了解自身收入和缴税情况，突破了缴税时间和地点的限制，变"群众跑马路"为"信息跑网路"，实现智能开票"零跑动"。

（二）全国首创全流程无纸办税

电子税票依托"互联网+"，实现纳税申报、缴款、开票全流程网上办理，纳税人在线查询、下载电子税票，即可用于记账核算、办理公共事务，变"纸质传送"

为"电子运输",实现无纸办税"零排放"。

(三)全国首创全方位安全防伪

电子税票采用合法电子签名,实现源数据防篡改、防伪造,确保权威可靠;政府相关部门通过政务云平台实现闭环式查询使用,确保信息安全;通过地税网站或者微信扫码可快捷查验,变"人工识别"为"智能验证",实现税票安全"零风险"。

(四)全国首创跨部门共享调用

电子税票实行政务电子证照统一标准,省内各地区、各层级、各部门可互认互通、共享应用。应用部门通过政务电子证照系统或其他共享渠道可查询调用电子税票,无须纳税人提交纸质资料,变"群众来回跑"为"部门协同办",实现部门共享"零障碍"。

(五)全国首创一网通跨境应用

电子税票突破关境、国境限制,纳税人无论身处境内境外,均可随时随地取得完税证明,便利跨境投资贸易办税,促进对外经贸交流合作,推动国际化营商环境构建,变"多次通关"为"一网办理",实现应用"零界限"。

三、改革成效

电子税票打通了电子办税"最后一公里",实现纳税人开具税票"一次也不用跑",彻底解决了开票排队等、来回跑、耗时长等问题。同时,与全省政务电子证照系统结合推广应用,实现跨部门、跨层级、跨地区共享应用,明显降低了办税成本,提高了办税效率,提升了纳税人获得感和满意度。

(一)征纳减负显效益,满足便利办税需求

电子税票上线后,全省每年开具量超过1 500万份,全省办税服务厅受理开具税票的业务量下降25%,减少纳税人开票办税时间80%以上。电子税票未来进一步推广应用,经济效益、社会效益都将更加显著。

(二)营商环境筑优势,优化广东税收环境

电子税票打破传统办税模式,全省每年超过一万亿税费收入、7 000万笔缴款均能全流程无纸化办理,减少纳税人提供纸质资料80%以上,减少纳税人跨区、跨境往返奔波,惠及全省4 600万纳税人、2 700万参保人以及众多境外人士。电子税票与V-TAX远程可视办税系统结合,实现跨境办税全链条,仅横琴自贸区试点每年约

1.5万人受益。电子税票方便"引进来"和"走出去"的纳税人跨境办税，促进国际化、便利化营商环境明显改善。

（三）征管改革创样板，开启税票应用e时代

电子税票变革传统纸质税票应用模式，有效解决传统纸质税票管理链条长、风险大以及流转封闭化、应用效率低等问题，促进了税收管理、纳税服务方式转变。电子税票应用后，全省纸质税票用量同比下降19%，进一步降低基层税票管理的成本和风险，减少工作人员的工作量和压力。电子税票以创新驱动为引领，应用互联网、大数据等现代化新兴技术，对传统纸质税票应用模式和管理流程进行创造性变革，有效促进税务部门管理流程优化和效益提升，为税票管理现代化创造了样板。

（四）政务服务树品牌，创造电子证照经验

电子税票应用打通数据信息壁垒，实现省内跨区域、跨层级、跨部门共享，已在珠海、佛山、横琴等地成功应用。相关政府部门通过共享平台可依法查询使用电子税票，即可办理房产过户、个税补贴等事务，为全省推广政务电子证照、推进"互联网+政务服务"创造了可复制可推广的经验。电子税票自2017年7月份正式上线至2018年4月23日，共开具各类完税证明1 162万份（至4月底预计1 188万份）。电子税票作为广东省政务电子证照首批试点，应用种类约占全省20%，签发量占全省50%以上。

（广东省地税局收入规划核算处）

让稽查搭上"互联网+"快车

——广东地税稽查不断完善综合办案取证系统

　　广东地税"稽查一体化平台"综合办案取证系统在全省整体投入应用两年多来，收效显著。2017年，广东地税系统稽查部门共查补收入95.46亿元，同比增长14.36%；入库总额90.54亿元，同比增长10.98%，查补入库率94.84%，远超总局稽查局的绩效考核指标。

　　"转变"是系统应用的突出成效。据了解，该系统运用移动互联网和大数据技术进行系统设计与功能实现，推动了稽查信息化系统由分割向整合转变。更重要的是，该系统的上线应用，在三个方面有力推动了传统稽查工作模式的彻底变革——即由纸质稽查为主，向纸质稽查、移动稽查和互联网稽查并重的方式转变；稽查证据由纸质证据向"纸质和电子证据结合"转变；稽查大数据应用由"信息孤岛"向内部、第三方、互联网数据源"三融合"转变。

　　综合办案取证系统以移动稽查专线网络为支撑，以大数据应用为依托，电子查账软件、电子取证工具、数据分析平台功能紧密结合、数据深度运用。系统从技术、制度和应用三方面进行了实践创新，为广东地税稽查现代化进程提速增效。2017年，全省各级地税稽查部门检查结案户数再创新高，共检查结案1 317户，同比增加20.83%，其中百万元以上大要案164宗，同比增长141.18%，大要案查补收入23.32亿元，同比增长196.32%，大要案查办能力显著增强。查补收入总额和立案查补额均创历年新高。

一、技术创新亮点纷呈

以往，不少稽查员反映因为无法在现场查询到企业申报纳税数据，需在企业和办公室来回奔跑，反复核对，费时费力。为有效解决这一痛点，综合办案取证系统搭建"移动稽查专线网络平台"，实现内外网无缝连接；整合不同模块的核心功能，实现稽查工作在线化。

从事稽查工作十年有余的佛山地税稽查员老于说："现在我外出办案，运用电子取证工具中的'取证魔方'设备，在检查现场就可直连数据分析平台的一户式数据查询分析模块；特别是运用远程发票辨别真伪功能，在现场就完成了以前把发票取回单位验伪后再退还的查验过程，大大提高了工作效率。"

不仅如此，在对潮州某企业的稽查中，企业拒不配合检查，不提供纸质账册、删除电子账，并拒绝提供电脑开机密码，广东省稽查局检查组运用电子取证工具的密码绕过、高速传输、云计算解密、数据恢复等功能，获取企业已删除的五个加密文档，直接锁定了关键证据，使案件顺利查处。广州市稽查局在对某集团公司进行检查时，从企业相关人员的办公电脑硬盘中成功恢复出了包含内部管理台账、账外经营关键信息的85G电子数据，案件取得重大进展，查补入库8.9亿元，创广州地税查补金额的最高纪录。

二、制度创新保驾护航

在技术创新的同时，广东地税加大制度创新力度，筑牢制度"篱笆"，保障系统运用取得预期效果。

将全省地税电子稽查"两个百分百"工程列为年度省局党组重点督办项目。制订重点督办工作事项实施方案，方案要求稽查人员百分之百掌握电子稽查技术、对会计电算化企业百分之百实施电子稽查。制定《稽查电子数据取证工作指引》，规范电子稽查取证工作流程。指引强调从案件流转证据视角去规范电子稽查领域各流程，从电子取证的组织与准备（入门第一关）到电子数据的司法鉴定（最后一公里），都制定了严格的操作规范管理跟踪。指引的重要意义在于开全国税务稽查之先河，首次明确了电子证据司法鉴定的相关操作规范，为如何在税务稽查领域引入司法鉴定，有效提升电子证据效力问题指明了努力的方向。

三、应用创新结出硕果

数据分析平台是广东地税稽查信息化建设的大数据支撑平台，该系统存储系统内海量涉税数据，通过数据深度挖掘应用，将分析结果以多种形式展现，为稽查办案提供科学的数据支撑。

2017年3月，广东地税稽查局坚持"互联网+大数据"理念，从互联网上公布的公开数据入手，同时结合证券机构依法预扣预缴的自然人限售股转让个人所得税的数据，通过数据分析平台实施数据分析对碰，智能分析出股权交易涉税疑点，迅速锁定某疑点对象，并推送广州地税稽查局进行查处，在3个工作日内完成检查，12个工作日内入库8 301万元，刷新了全省查办千万元以上稽查案件的最快纪录。由于查询分析功能简单实用，响应速度快捷，数据分析平台在推广应用中越来越受到稽查人员的喜爱，为地税部门主动适应新税制、提升新能力提供了有力支撑。

稽查综合办案取证系统具备良好的扩展性，正在试点应用的互联网涉税信息挖掘系统和移动稽查APP系统可无缝接入，通过不断完善，该系统将最终建成立体化、全覆盖的稽查一体化平台。

（广东省地税局稽查局）

智能分析，专属服务

——广东省国地税共建共用全国首个大企业税收服务与管理系统

　　"广东省大企业税收服务与管理系统"是广东省国税局与广东省地税局在拥抱大数据和迎接"互联网+"的时代潮流下，基于"国地融合、信息共享、税企互联"的工作理念所共同打造的大企业税收专业化管理信息平台。

一、系统建设背景

　　2009年国家税务总局大企业司成立，2011年7月，大企业司下发《国家税务总局大企业税收服务和管理规程（试行）》，9月广东省地税大企业局在全国税务系统内率先以管理规程为蓝本，启动"广东省地税定点联系企业专业化管理信息系统"的开发建设，首个把管理规程落到实处，构建了遵从保障、遵从引导、遵从管控、遵从应对四部分核心业务。

　　2012年11月，"广东省地税定点联系企业专业化管理信息系统"在全省地税系统上线应用。

　　2013—2014年，分别对"广东省地税定点联系企业专业化管理信息系统"进行了二期和三期的优化项目。

　　2016年，作为落实国务院《关于深化国税、地税征管体制改革》方案的重要举措，国地税双方在原"广东省地税定点联系企业专业化管理信息系统"基础上，整合原广东省国税大企业管理平台功能，共建共用"广东省大企业税收服务与管理系统"，并以此为核心，建立若干辅助系统，逐步实现全省大企业税收管理大集中的目标。

2017年7月，广东省国税局、广东省地税局在广州举行"广东省大企业税收服务与管理系统"上线启动仪式，正式在全省国地税系统推广应用该系统。

二、系统特点：深度融合、智能分析、专属服务

（一）深度融合

在数据上，该系统融合了国税和地税的征管数据、大企业生产经营数据以及第三方涉税数据，覆盖千户集团广东企业、省级大企业、市级大企业近18 000户成员企业，实现了数据的云存储和云共享。在工作方式上，打通了国地税以及省、市、县三级沟通渠道，实现国地税业务的横向流转，省、市、县业务的纵向流转以及税务机关与大企业之间的交互流转。

（二）智能分析

智能分析是"广东省大企业税收服务与管理系统"的一大亮点，其原理是基于云数据和积木模型，以搭积木的方式，自由组合搭建税收风险识别指标模型，根据不同行业、区域、企业集团定制风险分析模板，实现对大企业的自动风险分析。系统目前共设置了64个国地税通用税源监控指标，431个风险指标，304个风险模型。按照加载的税收风险分析模型，计算机自动扫描，自动生成风险分析报告反馈企业，实现税收风险管理向大企业端的延伸，同时自动传送给市县大企业部门督导和应对，形成全过程闭环管理，并实现工作的智能化、精准化和高效化。

（三）专属服务

专属服务主要体现在两个方面：

一是服务大企业，助推税务营商环境优化。系统开发了企业端服务模块，让大企业专属、订制的个性化纳税服务措施真正落地。大企业的涉税诉求，可以在系统上直接提出，并查询处理情况。大企业的内部控制情况，可以在系统上直接启动调查，完成测评，引导其建立和完善税务风险内控体系。大企业的重大事项报告、事前裁定申请，可以在系统上及时提交，便于分析及分类处理。大企业的纳税遵从情况，可以在系统上发起评价、确定分值及等级，为税收遵从协议的签订提供依据。大企业的政策辅导需求，可以在系统上通过课件推送的方式予以实现。

二是服务各级政府，为领导决策提供参考。系统基于"互联网+"技术，以云数据为依托，集合网络爬虫工具，为编制和测算广东大企业税收经济先行指数和税收经济发展指数提供强有力的数据支持，为大企业经济分析的全方位开展提供智能平台。

三、工作成效

"广东省大企业税收服务与管理系统"的上线运行，有利于完善国地互动、上下联动、内外协动的"立体化"运行机制，全省大企业税收服务与管理工作都将以系统为依托进行统一推送，实现全省上下联动、国地税协动、税企互动，通过深度应用实现大企业服务与管理成效的最大化，同时也为国地税服务管理一体化提供技术推动力。

一是以数据为基石。国地税通力合作，整合税务端数据、企业端数据，多措并举破解数据难题，确保广东56户千户集团数据采集平稳推进。购买万德资讯（WIND）等经济数据库，拓展第三方数据，为开展税收风险分析奠定坚实基础。

二是以集团族谱为全景。省市联动，核对与清分千户集团、省级大企业、市级大企业名册，构建了集团一户式族谱，全景式掌握企业组织架构。

三是以信息系统为支撑。以国地税共建共用为思路，依托共同的管理平台，打通线上交流通道，将三级大企业纳入系统开展监控分析，通过税务端、企业端实施风险防控、税企共治，为国地税共同开展风险分析、经济分析、个性化服务提供技术支撑。

四是以电子税务局为依托。对接"互联网+"行动计划，提出电子税务局大企业管理业务模块建设需求，推动大企业税收管理系统与电子税务局对接，发挥系统平台对大企业税收管理业务的强有力支撑。

[广东省地税局直属税务分局（大企业局）]

自主可控，高效经济

——国产分布式并行数据库技术在广东地税的应用

一、案例背景及简介

广东地税历来高度重视税收信息化建设，坚定不移推进数据管税理念，早在2006年就开始探索税收数据的"金山银库"，着手建设数据应用类系统，先后建设了税收分析系统、税源管理平台、规费监控平台、高收入人群分析系统等，在数据仓库和数据应用建设方面取得了一定的成果。

但是，这些数据应用系统普遍采用传统"IOE"架构。传统"IOE"架构的软件和硬件设备被"IOE"三家海外供应商所垄断，从长远来看，不但增加了广东地税税务信息化的投入成本及保修服务费用，更重要的是导致核心技术和设备受制于人，不利于国家经济数据安全和信息安全。此外，传统"IOE"架构主要采用集中式存储与计算，当系统用户不断增长，数据仓库中的数据倍增时，系统运行性能明显下降，扩展能力差，已然无力应对大数据的挑战。

随着国产软硬件设备的迅猛发展和逐步成熟，为了响应国家对关键技术国产化及《中华人民共和国网络安全法》的要求，广东地税及时引进国产分布式并行数据库技术以适应大数据时代的需要。2017年，广东地税以国产软硬件产品为基础开始建设统一数据资源库。在此基础上进行数据应用和管理工作，以数据资源库为核心，辅之以配套的数据管理系统，充分整合集成现有省、市两级数据应用类信息系统，是集业务、技术、数据和标准一体化的数据应用体系框架。

目前，统一数据资源库涵盖了国地税以及深圳"金税三期"核心征管系统、"金税三期"个人所得税管理系统、广东地税社保费管理系统、电子税务局、自助终端、办税服务综合管理系统、总局车船税系统以及工商、残联等第三方交换的数据等，当前数据资源库数据约70TB，共计14 632张数据表，每日新增数据为200GB。支撑的前端应用——数据综合应用系统分析主题主要有收入分析、税源分析、管理执法、办税服务。数据综合应用系统已于2017年6月份在佛山、韶关两市试运行，2018年5月在全省推广使用。系统在确保自主可控、安全可靠的前提下，不但增强了系统可用性，更重要的是性能普遍提升10~20倍，在某些典型场景中甚至达到了100倍的提升。

二、案例创新点

（一）软硬件产品国产化，技术自主可控

统一数据资源库采用了天津南大通用数据技术股份有限公司的大规模分布式并行数据库集群GBase 8a MPP Cluster产品。GBase 8a MPP Cluster是一款基于现代云计算理念和MPP+shared nothing架构、具有自主知识产权的纯国产软件。该产品已向国家知识产权局提出81项专利申请，获得天津市政府颁发的科技进步奖，入选工信部评选的"大数据优秀产品、服务和应用解决方案"。数据库集群主要使用通用x86 PC服务器和Linux系统，具有高性能、低成本以及良好的高可用性和横向扩展性。

在硬件方面部署57个节点的数据库集群环境，采用x86 PC Server服务器，其中7台作为Coodinator管理节点，48台作为Gnode数据节点，文件服务器由2台虚拟机组成。

（二）高可用性

传统"IOE"架构是一种集中存储和计算的专用架构，主要强调保障交易系统的数据一致性。该架构由于是共享存储，不可避免地在数据库服务器和存储服务器存在"单点"故障的可能性，影响了系统的高可用性，同时也存在查询速度受限于单一存储设备的"IO"瓶颈。虽然Oracle的RAC方案在一定程度上解决了高可用性、负载均衡和并行处理的问题，但随着节点数量增多，为确保节点间数据的一致性，节点间的通信同步的开销也会倍增，影响和限制了系统的横向扩展能力。

相比于传统"IOE"架构，MPP集群内数据库通过"安全组"（Safe Group）组内冗余机制来保证集群的高可用性。每个安全组可提供1个或2个副本数据冗余，安全

组内数据副本自动同步，复制引擎自动管理数据同步。即使管理节点、运算节点在单点磁盘、网络、主机等出现故障的情况下，集群仍能对外提供完整服务和保证数据的完整性、一致性，无须人工干预，保障高可用性。

（三）高性能

面对海量数据分析"查询慢"的瓶颈问题，MPP数据库采用如下三个关键技术来解决。

（1）列式存储技术。不读取无效数据列，降低从磁盘上读取的数据量，同时由于数据按列存储，每个数据列内都是同构数据，内容相关性很高，更易于实现数据压缩，而且压缩比通常能够达到1:10甚至更优，节省了存储空间的开销，更进一步降低了访问磁盘I/O开销，从而大大提高查询性能。

（2）大规模并行处理技术。集群中有N个数据节点，大数据量的事实表就分为N份，每台机器原地处理自己存储上的$N/1$数据，处理完成后，通过万兆网络把结果送到Coodinator管理节点进行汇总。全表扫描式的统计查询，理论上就提升N倍，同时也可以通过不断增加机器来获得更好的性能，横向扩展性比较好。

（3）专门为查询统计设置的智能索引技术。以数据包（每个数据包默认包含65 536行数据）为单元，智能索引包含了该数据包中的统计信息，如数据包的最大值、最小值、和值、个数值、唯一值、NULL值的个数等。特别适合于SQL中聚合函数的运算和根据最大值最小值等提前进行条件过滤，而无须读取整个数据包的数据，达到进一步减少I/O读取量。智能索引在数据批量加载时自动建立，不需要人工介入及维护。智能索引所占空间仅是数据量的1%，而传统数据库索引则要占到数据的20%~50%。

三、案例应用效果

（一）成为国内税务行业国产化探索的标杆

广东地税统一数据资源库在关键技术的软硬件国产化探索方面做出了尝试和验证，在真正意义上实现了"去IOE"：在硬件设备上使用了国产x86 PC服务器，实现了去小型机化；在操作系统上使用Linux系统替代AIX；在x86 PC服务器上直接使用SATA存储，替代了高端存储阵列；在分析型数据库的选用上摆脱了依赖于国外产品（如Oracle、DB2、GreenPlum等）的单一局面。

（二）实现税务大数据处理的性能跃升

Gbase与我局原有基于传统交易型数据库的分析系统相比，性能普遍提升10~20倍，在"统计汇总分析"典型场景中甚至达到了100倍的提升。后台加工由原来的七八个小时缩减为3个小时；社保费入库（单表约16亿行记录）查询SQL由原来约一个小时缩短为5秒左右；原有系统的即席查询（Ad hoc queries）功能因可让用户灵活组合查询条件而深受用户喜爱，但之前由于后台查询等待时间过长，常常导致前端应用登录连接超时，查不出结果，现在查询结果缩短到10秒左右，大大优化了用户的使用体验。

（三）节省平台建设投入

统一数据资源库的建设成本相比传统采用"IOE"的产品，建设投入降低约88%。同理，逐年走高的软硬件保修服务费用也显著降低。投入成本的大幅降低，主要有两点原因：

（1）系统部署中完全使用x86架构的PC Server服务器，替代了售价几十万的小型机和磁盘阵列，在保障安全可控的同时，大幅度节省软硬件成本的投入。

（2）MPP数据库能够提供高效的数据压缩存储功能，能够为我局节省50%~90%的服务器磁盘存储空间，节省了对存储设备的投入。

（广东省地税局信息中心）

大数据全记录，执法阳光透明

——广州开发区地税局上线执法过程记录系统

为全面推进依法治税，防范税收执法风险，维护征纳双方合法权益，解决一线执法"点多线长面广""风险易发难防""监管手段缺失"等难点，广州开发区地税局自2014年6月起，历时两年，自主开发并成功上线执法过程记录系统。该系统通过配备移动摄像头、录音笔等设备将下户检查、税务约谈、税企电话短信联系、征管系统操作等税收执法场景完整地记录下来，并以规范的格式存储在数据库里，实现海量执法数据的查询、取证、分析等增值应用。

执法过程记录系统具有"1+6"功能架构，一个核心控制平台可以实现系统与"金税三期"、电子税务局、电子档案管理等税收信息系统之间的数据互联互通，确保办税信息、流程信息、审批信息、电子文书等线上线下执法数据的归档化管理。六个子系统是以"隐操作""轻操作"为原则，实现窗口记录、屏幕记录、话务记录、约谈记录、移动下户和大数据存储六大功能，包括"窗口记录系统"、办税服务厅执法事项全程记录；通过推行"屏幕记录系统"，对办税窗口电脑屏幕的操作和业务内容进行记录；通过推行"话务记录系统"，由税务人员手动启动通话录音；通过关联纳税人登记信息，自动填补录音档案信息；通过推行"约谈记录系统"，对约谈事项进行文字记录和音像记录，自动完成执法数据的识别、采集和存储；通过推行"移动下户系统"，对下户执法的全环节进行记录，包括现场直播、任务管理、下户轨迹、即时通信和公告管理等；通过推行"大数据存储系统"，利用大数据和"桌面云"技术，打造成本低、效果好、易扩展的存储支撑体系。

上线以来，执法过程记录系统瞄准一线执法管理的焦点、难点和堵点，运用"大数据"技术，实现了税收执法全程记录、执法信息实时交互和执法结果阳光公正，对内、对外皆取得良好成效。

一、大数据格局初现　执法全程记录

执法过程记录系统作为税务稽查中的第三只眼睛，以"监察员"的身份客观、真实地记录信息，还原执法现场，实现了执法管理可视化。

"您好，为对您合法权益进行保护，对我的执法行为进行监督，我将实行执法全过程记录。"这是每一位税务执法人员在执法前对执法对象所说的第一句话。为保护纳税人合法权益，从到达执法场所开始就启动执法过程记录系统，通过实时直播的方式，对出示检查证件、交接检查文书、查阅企业账册、封存现场资料和拷贝电子数据等一系列执法行为进行全程记录，并在检查结束后第一时间将全部视频资料归档保存。系统现已存储记录事项25万余条，共记录各类执法文字、音像记录约合200T。

二、科技创新引领　信息实时交互

执法过程记录系统改变了以往下户检查孤军作战的局面。当遇到执法难点时，通过系统可以连接资料群和税务机关"智囊团"，信息交互更及时，解决问题更便捷，执法流程更顺畅。目前使用电话录音、执法记录仪、屏幕监控等功能的人员占全局税务人员的90%以上，下户执法记录仪在办税大厅、企业现场等场合使用超过100次。

不仅如此，执法过程记录系统还充当了"信息枢纽"角色，提供信息实时共享、证据及时上传和关键信息迅速传递等功能，解决了身处不同办案地点的执法人员之间信息传递脱节的难题，提升了执法效率，使一线执法人员可以随时获得税务机关税政、法规部门的远程协助。

三、筑牢内控防线 结果阳光透明

执法过程记录系统通过大数据手段、权限分配、IP绑定和账户设定等技术手段，将各项业务流程和活动轨迹关联到具体的执法人员，做到事事可追溯、时时有监督，防止出现"不作为""慢作为""乱作为""吃拿卡"等问题，促进干部队伍讲规矩、强能力、增质效。

该系统还具备智能分析功能，实现执法风险定性、定量分析。通过执法数据分析，一方面能够总结提炼执法风险点，达到事前合理规避执法风险的目的，现已实现对基层一线执法中90个高风险事项的全过程记录；另一方面为效能监察、执法监督、绩效管理和人事调配等提供科学的决策支持，有助于打造廉洁高效的现代化税收执法队伍。

为充分发挥系统效能，广州开发区地税局于2017年4月出台《税收执法全过程记录工作指引》，对执法过程记录系统及执法记录仪在日常工作中的使用和管理进行了严格规定，成功搭建了以系统为核心的执法全过程记录制度体系。

（广州市开发区地税局）

以地控税，以税节地
——珠海地税创新开发综合税源管理平台

在"营改增"背景下，财产行为税成为地方税收的主要收入来源之一，珠海市局积极探索以数据为抓手做好房土税源的监控工作，创新开发珠海市"以地控税，以税节地"综合税源管理平台（以下简称"平台"），着力构建"以地为基、全程跟踪、分类监管、一体管理"的土地税收综合治理体系，以实现部门信息共享，提升土地税收征管质量，促进土地节约集约利用，为地方经济发展提供坚实保障，努力创造可在全省乃至全国复制推广的先进经验。

一、开发情况

（一）工作起点高

珠海市局把"高起点开局、高标准开展、高质量推进"作为开展"以地控税，以税节地"工作的总体思路，并争取珠海市政府的高度重视，成立由珠海市市委常委、常务副市长为组长，地税、财政、国土、不动产登记中心四单位一把手任副组长的试点工作领导小组协调推进。2017年2月28日，平台正式试点运行并取得良好成效。珠海市局被确定为全省地税系统"以地控税，以税节地"试点工作牵头单位，负责全省推广工作。2017年10月24日，在广东省地税局、珠海市委市政府的大力支持和相关部门的共同努力下，平台在全市范围内上线运行。

（二）协作程度高

各成员单位之间的密切沟通协作是试点工作顺利开展的坚实基础和有力保障。一年来，珠海市局多次前往珠海市国土资源局、珠海市不动产登记中心及测绘院基础地理框架中心，交流项目需求分析，梳理我市的房产、土地信息情况，得到了各单位的大力支持和协助。还多次召开部门联席会议，明确了需要各成员单位配合提供的项目建设数据清单内容和获取方式。目前，共计完成房产税源15.8万条、土地登记税源数据3.6万条以及出转让、报批税源数据1.5万条，并依据测绘院已有基础地理信息成果，搭建三维一体的地理信息综合税源管理数据中心。

（三）建设目标高

平台不仅局限于房产税、土地使用税的管理，还围绕"土地"这一主题，依托国土、登记部门高质量的地籍房产信息，通过模块化、流程化、可视化技术，实施房产税、土地使用税、耕地占用税、契税、印花税、增值税、土地增值税等地方税种全流程、可视化、覆盖式管理，构建涵盖基础地理信息、土地房产信息、权属登记信息的一体化税源管理平台。

二、主要特色

（一）风险比对智能精准

平台充分利用政府部门第三方共享信息，建立与"金税三期"的申报信息、登记信息、税款入库记录等数据的自动化关联和比对分析，快速发现并标识未登记、异常登记及税款入库异常等信息。同时，依托GIS技术搭建的地理信息平台，在地图上直观查询土地各项税收的税源，进行税源快速检索和定位，将欠税、免税、异常等信息在地图上精确定位，直观掌握税源的异常状态，针对性地开展核查，极大提升风险比对效率。

（二）房产监管三维立体

依据珠海市基础地理框架中心的三维模型，可将市不动产登记中心的房屋登记信息与地税部门税收征管信息进行关联挂接，实现房屋税源的三维立体化管理，也为未来房地产税、物业税的征收管理奠定基础。

（三）核查方式灵活多样

为提升税源核查效率，平台引入移动端核查应用，改变了以往只能依靠内业核查的单一方式，实现实时查询税源信息以及地图定位，方便管理员进行异常地块的现场业务互动和信息采集。不仅如此，外业核查还可以记录管理员实地核查轨迹，模糊推算土地地块面积，也为绩效管理提供量化依据。

（四）统计分析强大好用

平台除了可以多维度进行纳税情况综合统计外，还引入亩产税功能，可分行业、区域、企业等不同需求进行亩产税综合分析，直观清晰地掌握全市各地块、各区域、纳税百强企业等的土地利用程度，并用不同的颜色进行地图展现，为更好地开展土地集约节约利用提供精确的数据支撑，实现"以税节地"效果。

三、运行成效

（一）智能风险核查，提高征管质量

平台充分利用信息共享和信息化手段，智能查找漏征漏管的税源信息，具有数据自动比对、风险智能下发、内外业联动核查、图形可视化定位等创新应用，大幅度提高税源管理效率与管理水平。

（二）堵塞征管漏洞，促进挖潜增收

通过自动将国土土地登记信息与纳税人申报信息进行关联比对，发现未征漏征土地，凸显了对于堵塞税收征管漏洞、促进税收收入增长的强有力作用。截至2017年，全市共对3 855个数据疑点进行了核查，已查补应税土地面积95.99万平方米，查补税款及滞纳金超亿元。

（三）信息共享互赢，助力决策参考

平台开展房土税源一张图管理数据，直观掌握土地使用涉及的报批、供应、流转及登记各个环节的税收监管，提供税源综合统计、亩产税分析、风险预警等功能，提高了房土两税税源监管的综合应用水平。同时，通过亩产税收等数据分析，以及在风险核查过程中发现的违法、闲置用地情况并及时反馈给国土部门及市政府，大大促进了土地的节约集约利用，为珠海市委市政府决策提供重要参考。平台试运行以来，国土部门通过系统共享信息，清理闲置用地4宗，涉及土地面积8.62万平方米，查处违法用地8宗，涉及土地面积7.53万平方米。

（珠海市地税局）

资料零提交，流程无纸化，排队零等候
——珠海地税首推房地产交易智能办税系统

为更好地贯彻落实国务院、国家税务总局关于规范改进行政审批工作、深化"放管服改革"以及"互联网+政务服务"的精神和工作部署，珠海市局以问题为导向，瞄准房产交易业务"痛点"，精准发力，疏通纳税人"堵点"，依托"互联网+"和政府部门间信息共享，在全省首推"房地产交易智能办税系统"，全力打造"事前预受理、事中易办理、事后严管理"的房产交易办税新模式。该系统有效解决了存量房交易办税时间长、效率低、排长龙等问题，切实促进了纳税人和基层税务人员"两个减负"，提升房地产交易税收服务和管理质效，成为全省便民办税创新品牌和珠海服务民生创新工程。

一、开发历程

房地产交易智能办税系统经历了从2015年11月试运行、2016年6月全市推广、2016年9月实行存量房交易全预约管理到2017年3月28日承担全省试点任务的持续优化升级历程。

2015年11月，我局率先在全省房地产登记部门实时共享数据，开发应用了"房地产交易涉税事项网上预约管理系统"。系统实现税收优惠智能备案管理，通过共享数据自动校验和提示纳税人的网上申请是否符合税收优惠条件，杜绝虚假证明材料等带来的税收风险，将备案资料的事后核查提前到纳税申报时同步核实，减少后续管理工作量，降低了事后管理的工作难度。

2016年6月，预约管理系统应用范围从主城区扩大到全市。同年9月，对存量房交易业务实行全预约管理，通过预约预审管理彻底解决等候时间长、办税难的问题。

2017年3月28日，系统升级为房地产交易智能办税系统，实现与总局、省局和市局等多个系统和平台的对接，由二手房预约预审功能逐步扩展到全方位的房地产交易办税平台，依托互联网和不动产等第三方数据共享，进一步推行受理资料的"无纸化"，实现了资料"零提交"、流程"无纸化"、排队"零等候"。

2017年8月，为解决电子化办税最后一公里问题，落实省局吴紫骊局长的批示要求，牵头对我市房地产交易智能办税系统进行升级，在全省率先推进一手房和二手房网上缴纳工作，为省局房地产交易智能办税系统的开发和全省推广实施提供经验和帮助，12月，成功实现一手房契税网上缴纳，标志着省市两级联合打造的房地产智能交易办税模式在珠海实现迭代升级。

二、主要亮点

（一）数据共享强基础

通过与珠海市不动产登记中心建立专网实现信息互通、校验核对，互相提供数据接口进行信息全面实时共享，实现业务协同。不动产登记中心共享数据包括商品房预告登记信息、商品房合同备案信息、二手房合同网签数据、不动产产权登记信息、电子档案影像数据等，数据主要应用在"房地产交易智能办税系统"、"以地控税，以税节地"综合税源管理平台和日常税收风险管理；我局提供契税缴纳信息和电子税票、个人所得税完税证明明细数据和税收征免证明电子数据给不动产登记部门。

（二）办税资料零提交

落实国务院"互联网+政务"和省局《广东省地方税务局关于进一步优化二手房交易税收管理与服务的意见》的要求，以政府部门数据共享为基础，能通过网络共享的材料，不要求纳税人重复提交；能通过网络核验的信息，不要求纳税人重复提供。全省率先实现个人二手房交易中的不动产权证（房地产权证）、房地产买卖合同、购房发票、契税税票、按揭合同五项资料通过部门间数据共享方式获取，直接存入省局电子文档系统，纳税人无须提交上述资料，不享受税收优惠的纳税人持身份证即可便捷办理。纳税人的住房证明也由系统根据共享数据自动获取,无须纳税人提供。

(三)纳税方式简申报

将办税前台需要填写提交的五张涉税文书表格合并简化为一张《存量房业务综合申报表》,极大地精简纳税填报资料,节省办税时间,提高办税效率。

(四)廉政风险全防范

系统通过部门信息共享直接获取真实有效信息,规避了纳税人提交虚假资料、阴阳合同、资料输入错误等风险,同时通过进一步规范流程、明确岗责,加强后续监管等,有效化解和防范税收风险。

(五)征纳双方同减负

系统全面实现二手房预审预约,通过统筹调节审核和预约时间,有效实现纳税人和税务人员双减负。纳税人可随时通过系统预约,自选办理时间和地点即时办结,减少了排队等候时间。系统与"金税三期"、存量房评估系统、电子文档系统等多个业务系统进行对接,自动导入和获取数据,最大限度减少资料填报和录入工作量,减轻税务人员工作量。

(六)事后核查严监管

制定《自然人存量房交易涉税事项后续管理制度》,设立后续管理岗位,明确岗位职责,对享受税收优惠的自然人所承诺的备案信息进行核查,形成新模式的闭环管理。

三、取得成效

房地产交易智能办税系统推行以来,获得上级税务部门和社会各界的一致肯定,并得到总局财行司巡视员周茵、省局党组书记、局长吴紫骊、副局长李华东、珠海市委书记郭元强等各级领导的肯定和批示。2017年6月13日,国家税务总局关于房地产交易税收服务和管理指引落实等情况调研会在珠海召开,我局现场做专题经验发言及汇报演示。《中国税务报》《南方日报》等多家媒体多次采访报道,收到了良好的社会效应。主要成效体现在以下三点。

(一)提高办税效率

该系统应用以来,网上预约需上传资料从以前多达10余份缩减至目前最少仅需买卖双方身份证影像,业务办理时长由以前约1小时缩短至现在的10分钟。纳税人以往不得不在办税服务厅长时间排队等候的尴尬场面一去不复返，可以更加自主预约任一办理时间、选择任一办理地点。2017年，完成预约办理涉税事项约21 000宗，节省征纳双方办税时间10 000多小时，大大提升了办税效率，增加了纳税人满意度。

（二）减轻基层负担

资料精简与流程简化不仅方便了纳税人，也大大减轻了基层税务人员的工作量。同时，办税服务厅从以前的拥堵不堪到现在的秩序井然，既减轻了前台管理压力，也使基层能腾出更多的人手投入到后续管理中去。

（三）降低执法风险

通过设置受理、复核、纳税辅导和征收开票四类岗位，并设置自然人房地产交易涉税事项后续管理核查岗位，做到互相监督制约，杜绝一人多岗。2017年第一季度，共对2 542宗房地产交易涉税事项进行了后续核查，建立了房地产交易税收后续管理台账，实现房地产交易涉税事项动态管理。

（珠海市地税局）

数据深度应用，服务贯穿始终

——汕头地税"5+1"六税一体化控管平台

随着深化税收征管体制改革持续推进、"营改增"试点全面推广，地方税收征管范围、业务结构、信息化格局、管理手段都发生了重大变革。推进税收信息化，是新时期地税部门破解发展难题、增强发展动力、厚植发展优势的战略举措。汕头地税抓早谋划、攻坚克难，全面开展"数据管税"探索，自主研发汕头地税"5+1"六税一体化控管平台（简称"5+1"控管平台），将"大服务"理念贯穿于事前、事中、事后各环节，贯穿于信息化建设始终，依托信息化精准洞察服务需求，通过信息化持续推动服务改进，形成公平普惠、优质便捷的税收服务管理体系。

一、实施"5+1"六税一体化控管的背景和意义

自"营改增"后，地方税收管理对象主要分为财产行为税、地方附征税费和自然人税收三大块。其中，财产行为税中与土地、房产密切关联且有钩稽关系的耕地占用税、契税、土地使用税、房产税、土地增值税5个税种加上1个印花税（简称"六税"）在保障地方财政收入方面的地位日益凸显。从税收规模上看，2016年汕头市"六税"占地方税收收入高达51.73%；从纳税管理上看，"六税"征管贯穿产权的产生、持有、流转、灭失各个环节，涵盖各环节相关纳税人的税收管理；从服务对象上看，"六税"与全市13.25万地税管户的生产经营息息相关。因此，新形势

下"六税"的规范化、精细化、信息化管理是稳定市（县）级财政收入的重要因素。

"5+1"六税一体化控管是新时期汕头地税的"二次创业"。一是符合中央《深化国税、地税征管体制改革方案》精神，有利于转变征收管理模式，加快构建形成地方税收征管新格局。二是有利于"营改增"等税制改革后，巩固地方政府财政自持力、做强做大地方财政收入，实现地方财政收入的可持续发展。三是有利于突破传统征管瓶颈，依托数据分析应用和税种联动管理，达到强征管、防风险、提质效、促收入的目的。

二、"5+1"六税一体化控管实施方案

（一）总体思路

在内部征管流程中，房地产周期各环节各税种业务流、信息流闭环联动，环环相扣、彼此制约、以税控税；在外部协同治税中，地税部门与相关部门互联互通、管理互助，在信息共享、协查把关和流程对接的三个层面上，拓展跨部门税收合作，形成综合治税强大合力；在数据管税上，建设"两库一平台"（税源信息库、风险指标库和一体化控管平台），通过数据标准化、流程规范化、对接自动化、信息聚合化，实现内外联动、一体化控管，在平台上聚合、处理、加工海量大数据，实现数据增值应用。

（二）建设方针

坚持"政府主导、地税主办、部门配合、联动控管"原则。一是政府主导。由市政府主导成立专项工作领导小组，各部门协调处理推进重大问题，实现协同治税。二是地税主办。以地税部门征管信息增值应用为主、外部第三方涉税信息为辅，分期分批开展软硬件建设。三是部门配合。各成员单位发挥各自职能优势，共享涉税信息，优化流程对接，协同推进"5+1"六税一体化控管工作。

（三）实施步骤

根据总体思路要求，汕头市"5+1"六税一体化控管工作分以下五个阶段组织实施：一是组织准备阶段。对"5+1"六税一体化控管可行性方案进行综合评估，制订《汕头市"5+1"六税一体化控管工作实施方案》。二是开发建设阶段。开展"5+1"控管平台建设，进行软、硬件招投标采购，拟定相关制度。与政府其他部门对接数据范围、口径和标准等。三是试运行阶段。边开发边试运行，并对有关制度进行试点，进一步论证和修改。四是全面运行阶段。总结试运行经验，进一步修改

调整后开始全面实施。五是完善拓展阶段。进一步完善和拓展"5+1"六税一体化控管体系，逐步引入个人所得税等其他地方税种管理，最终建成覆盖地方税收征管全流程、各环节、各税种及相关行业的地方税收一体化控管平台。

三、"5+1"六税一体化控管推进情况

2016年5月，汕头市局党组把"5+1"六税一体化控管工作摆在"一号工程"的突出位置进行全面部署，省局吴紫骊局长、苏振钿副局长，汕头前市委书记陈良贤和市长刘小涛等领导都专门作出批示肯定，支持这项工作。2016年12月19日，"5+1"控管平台顺利实现试运行；2017年3月28日，"5+1"控管平台正式上线应用，实现了"数据采集—风险识别—风险排序—风险应对—绩效考核—结果反馈"全链路畅通运行。平台主要有以下几大亮点。

（一）优化纳税服务

通过电子税务局、短信平台向特定纳税人推送专项涉税信息提醒，确保纳税人第一时间知晓涉税事项，降低税务风险，服务纳税人。

（二）提升公平执法

通过风险排序，区分不同风险等级，采取不同风险应对手段，做到"无风险不予打扰，低风险提醒辅导，中风险重点监管，高风险精准打击"，大幅提升执法公平度。

（三）服务征信体系

通过将风险应对结果与纳税信用等级评定、征信体系建设紧密结合，引导纳税人注重诚信纳税，整合资源共治共为，构建协同共治格局。

（四）可复制可推广

"5+1"控管平台根据总局、省局统一标准开发，确保平台可移植、可复制、可推广；实现涉税数据自动采集，无须纳税人录入信息，不增加纳税人负担；在原有硬件系统中运行，无须增添硬件设备，运行成本较低；操作简单，具备良好的用户体验。

四、"5+1"六税一体化的控管成效和发展前景

"5+1"控管平台自上线运行以来，取得一系列创新成效：一是有效促进组织税

收收入工作。平台自正式上线以来，通过数据抓取、推送、核实和应对，截至2017年底，共推送风险应对任务2.36万条，实现"六税"风险全面控管，增加税款收入近2亿元。二是有效提升数据分析应用水平。平台对内外涉税数据开展整理、加工、分析和运用，用数据决策、数据管理，实现了税收容量匡算等一批数据增值应用项目，数据分析应用水平大大提升。三是有效完善风险管理和纳税服务。平台根据行业数据设置行业指标，建立国税附征税费风险分析模型，加强房地产等行业税收管理。对于可能存在的涉税风险，通过电子税务局为纳税人提供温馨提醒、进行遵从帮助，促使纳税人有效防范、化解涉税风险。四是有效提升税收执法公平度。及时发现税收执法风险，对风险应对采用量化指标，确保税收执法的公平、规范。五是有效强化社会征信体系建设。创新引入纳税信用等级作为平台涉税风险应对的维度之一，根据评价分值高低自动确定纳税人涉税风险程度及类型，针对不同风险等级对纳税人开展不同风险应对，通过强化税源控管促进市场主体依法诚信经营，助推社会信用体系建设。二期项目"5+1"控管平台将进一步扩展，建成以数据深度应用驱动风险管控的数据管税格局，成为覆盖地方税费的"5+N"控管平台！

（汕头市地税局）

自主掌控核心技术，整合共享技术资源

——佛山地税搭建应用云平台

一、建设背景

佛山地税信息化建设历经10余年的快速发展，市局机关各部门均有对应的业务系统，下辖4个区局设有信息科（管理部门），分别面向各级业务部门进行应用开发，全市在用系统共计30多个，数据冗余和功能重叠现象较为普遍，信息技术人员系统运维压力大、难度大。为破解市级信息化项目建设普遍存在的重复投入、协同度低、运维任务重等难题，应"后金税三期"时期软件开发和数据高度集中的发展趋势，佛山市局结合多年税收信息化建设经验，于2016年11月创新搭建了佛山地税应用云平台（软件开发基础框架SDBF），自主掌控核心技术，整合共享技术资源，推动全市信息化建设技术架构统一、资源高度集中、应用统一调配，实现"扁平化、集约式"项目开发模式。

二、平台模块内容

依托历年软件开发经验，佛山市局深度分析软件项目开发模式，提炼出税务系统软件开发所需的流程架构与需求共性，确定了该平台的基本模块内容。

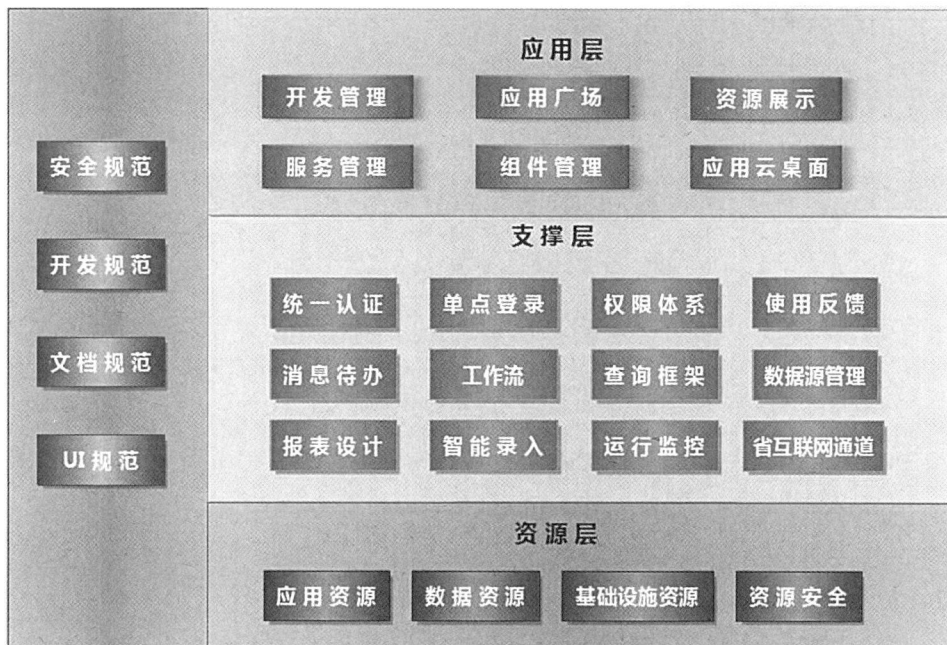

佛山地税应用云平台主要结构框架

（一）统一权限、认证体系

应对系统数据来源分散、各有侧重的特点，整合各方数据，在统一税务基础数据的同时，建立全市统一的税务人员、岗位角色管理功能，并且面向全市各级应用系统提供单点登录认证体系。

（二）统一门户、UI展现

在搭建公共系统支撑环境的基础上，统一全市各级应用入口，简并用户桌面窗口，并提供通用的应用功能发布及应用权限管理功能，实现各级系统的统一展现和调度。

（三）统一消息、待办推送

结合省、市系统资源，建设消息、邮件、短信、待办推送等公共接口通道，为各级应用系统相关需求提供通用性支持。

（四）流程框架（统一工作流）

搭建公共工作流支撑环境，提供通用的工作流设计、发布、调用等相关功能，为流程类业务功能的开发提供支持。

（五）查询框架

（1）智能查询框架快速实现。搭建SQF智能查询框架，为轻型查询业务需求提供快速高效的功能设计环境，实现从设计、调试、发布、部署到操作使用一条龙的支持。

（2）Dorado7+JDBC Addon开发模式。利用Dorado7+JDBC Addon的开发设计模式，为需求较复杂、展现形式特殊的业务提供完善的开发支撑环境，保证业务的多样化需求得到有效实现。

（六）辅助工具

建设桌面级税务助手应用，针对上级应用系统开放性较低的情况，配合本地应用的相关数据及功能，实现数据快速检索、录入等辅助功能。

（七）报表展现

搭建报表设计展现支撑环境，提供对报/图表的设计管理功能，为各级应用系统提供相关数据展现接口，简化各级应用系统的开发实现。

（八）数据源管理

对分布在各应用的数据源进行统一管理，引入数据即服务的模式实现数据云管理。

三、创新亮点

（一）统一技术，灵活开发

基于该平台开发新项目，可快速获取以"金税三期"、统一工作平台为基础的组织结构、人员岗位、功能权限、事务工作流、统一消息、智能查询、省局互联网通道等一系列通用技术和支撑环境，有效避免了基础功能重复建设，减少开发工作量，利于后期专注业务功能开发、大幅提升项目开发效率。

（二）单点登录，共建共享

应用该平台可整合市局与区局服务器资源，形成可动态扩展的分布式虚拟集群架构，为"云应用"部署奠定基础；同时该框架将市局与各区局已有应用系统按功能模块拆分，统一应用入口并提供单点登录功能，实现全市软件开发和应用系统的互通共享，优化系统间的协同处理能力，简并操作窗口页面，促进用户使用体验融合统一。

（三）规范管理，运维减负

云平台的应用，全市信息化项目实现统一的开发技术及规范、通用的基础功能与数据管理、开发资源的集中调配，破除不同应用系统间的技术壁垒，应用管理更加清晰、简便，缓解以往运维人员疲于应对不同技术的压力，减轻运维难度和工作量，有利于技术人力资源的释放。

四、运用成效

（一）核心开发技术把控能力大幅提升

以软件开发基础框架SDBF为底层搭建的佛山地税应用云平台，实现了信息部门对核心技术的掌控，大幅降低了税务机关对应用开发商的依赖，实现了市局与各区信息化项目开发资源的共享与整合，从而达到分散开发、全市共享、集智共创、技术引领的目的。

（二）项目建设融合集成步伐大幅加快

2017年，佛山市局新建信息化项目如分类分级任务管理平台、纳服信用电子管家和税收风险管理系统等，均已使用SDBF并纳入应用云平台；同时各级原有应用系统也正在开展技术迁移和部署，如市局数据分析平台和专业化税源系统等已接入云平台，南海区局数据超市、三水区局行政管理辅助系统等多个系统也在迁移部署当中，全市软件开发和应用系统集成融合步伐大幅提速。下阶段，佛山市局还将为云平台集成更多实用功能，为全市信息化建设提供强大动力。

（佛山市地税局信息管理科）

虚似化办税，沉浸式体验

——梅州地税首创仿真电子税务局

仿真电子税务局系全省乃至全国税务系统首创，以"沉浸式"仿真课件推动了电子办税率和办税质量的大幅提升，创建了融合"趣味、知识和社交"基因的虚拟办税社区；仿真电子税务局是落实"互联网+税务"、推进"放管服"改革的重要技术支撑平台，不仅为创新"多对多"的纳税服务理念和机制，还为打造具有广东特色的"税收百度"走出了一条探索之路。

一、建设背景

2017年初，为促进电子税务局工作，引导更多纳税人使用电子渠道办税，梅州市局经过多次调研，以问题为导向，找准电子办税痛点，启动了仿真电子税务局建设项目。

2017年8月，梅州市局综合多方面情况，归纳了影响电子办税率提升的三个主要因素：一是纳税人不会用或不怎么会用电子税务局，调查表明，上线操作培训、阅读操作手册和相关热线电话等措施对纳税人网上业务的支持力度明显不足，纳税人解决不了的问题最终还是会回流到办税大厅。即使纳税人开通了网报，网报使用率还是不高，他们遇到问题还是愿意选择去实体厅办理业务。二是税务人员也不会用电子税务局，经调查，广大税务人员没有正式渠道或自己的电子税务局账号，经常

仿真电子税务局项目介绍

要"借"纳税人的账号才能分析解决纳税人提出的问题。三是税务人员与纳税人之间缺乏高效规范的沟通渠道，现有征纳关系沟通方式对电子办税的支持不足，税务人员无法通过高效、规范的渠道及时回应纳税人有关电子税务局的咨询和问题。

为此，梅州市局提出开发仿真电子税务局——虚拟办税社区，运用云计算和大数据技术，以网上办税业务为核心，引入"沉浸式"仿真课件体验，创建融合"趣味、知识与社交"基因的虚拟办税社区，创新"多对多"在线服务新模式，形成"智慧引导、自主学习、互动交流、行为跟踪"的虚拟办税社区。

二、创新亮点

引入"沉浸式"理念，开发模拟电子税务局办税课件，降低学习难度，提升操作熟练度。

创建具有趣味、知识与社交基因的虚拟办税社区，提升纳税人对税收的认同感和社区黏性，在游戏中学习税收知识，在游戏中完成办税业务。

创新"多对多"在线服务新模式，为征纳双方提供形式新颖、反应快速、内容丰富的税收资源库，税收资源库不再是冷冰冰、硬邦邦的条文规定，而是活生生、真切切的案例和感受，力图把在线税收资源打造成具有广东地税特色的"税收百度"。

三、具体内容

为有效引导纳税人学习使用电子税务局、智能办税终端（含手机端）等在线办税服务，仿真电子税务局采用游戏激励、社交属性等机制作为重要的辅助手段，让纳税人自愿自主地进行仿真课件的学习，通过虚拟社区和内容建设增加用户黏性，让纳税人愿意花更多时间学习网上办税和税收知识。税务人员可自行制作仿真课件，建立课件与系统同步更新机制。在线系统及时响应、解决纳税人的提问，并形成相应的知识系统以提高自主学习性。通过建设仿真电子税务局业务云，提供适应PC-Web终端、移动Web终端、基于微信的Web终端等多种形式的学习和交互途径。

（一）仿真电子税务局业务云

建设业务云服务器，提供电子税务局的基础服务，并具有扩展能力，方便后续添加新功能或优化改进。基础服务提供开放的API以供其他载体接入。解耦开发技术选型，接入应用与业务云无须使用相同技术架构，易于扩展维护和更新。

（二）仿真电子税务局 PC-Web 端

用户可通过PC端浏览器访问仿真电子税务局，通过本客户端进行仿真课件学习、客服咨询、税务知识学习、在线问答、激励性游戏等功能。

PC-Web端提供最完整最全面的操作体验，无论是用户或者税务人员都可以在本客户端上感受到最真实的仿真操作环境。

（三）仿真电子税务局移动-Web 端

通过移动客户端，为用户提供随时随地进行仿真课件学习的平台，引导用户理解电子税务局移动客户端的操作，同时还包含客服咨询、税务知识学习、在线问答、激励性游戏的功能，相当于移动适配版的仿真电子税务局，同时，为移动端进行相应的设计优化，提供迷你课件学习系统，方便用户进行阅读学习。

（四）基于微信的移动Web端

在推广电子税务局微信端的同时，引导纳税人将纳税账号绑定至微信端，提高纳税人移动终端用户数，同时实现实名认证。同时，依托于微信的认证管理，方便地对使用者进行识别统计。基于微信的移动客户端拥有与移动Web等同的功能，针对微信本身进行优化操作处理，通过小程序/小游戏的形式适配激励性游戏，利用微信用户自身的社交圈，营造游戏分数对比的效果在微信朋友圈进行传播，推广仿真电子税务局，引导用户学习税务知识，通过现代信息技术手段改变用户办税行为习惯和方式。

四、实现成效

（一）制作模拟电子税务局办税课件，提升电子办税率

依托梅州地税仿真实训云平台（该项目得到了省局副局长苏振钿批示肯定），结合省局电子办税分局改革试点单位——梅县电子税务分局的需求，针对纳税人常用业务和易发生操作错误的模块，开发了模拟电子税务局办税业务实训课件，提供给纳税人进行网报实训，掌握操作要领，继而提高网报正确率。与此同时，仿真电子税务局课件也解决了税务人员不懂网上办税业务，没有电子税务局账号（练习环境）的问题。

（二）创建虚拟办税社区，提升用户黏性

通过创建虚拟办税社区，提升学习税收知识和办税流程趣味性，增加纳税认同和用户积累（黏性），从中获取纳税人行为数据及相关数据，为纳税人提供更优质、更精准的个性化纳税服务。

（三）创新"多对多"纳服模式和机制，打造"税收百度"

通过创新在线问答形式和服务内容，把传统的"税务局—纳税人，一对多"的二维服务模式向"纳税人—税务人—纳税人，多对多"的多维服务模式转变，力图打造成具有广东地税特色的"税收百度"税收资源库，解决了纳税人不懂税收业务的问题。

（四）"四两拨千斤"实现纳税人实名认证

用较小的成本，以纳税人乐于接受的方式实现纳税人实名认证，并保持纳税人身份信息的及时更新。把实名认证工作做到纳税人自愿、主动的同时，也化解不少基层税务人员的工作压力。

（梅州市地税局）

精准对接，打破瓶颈难题

——汕尾地税上线全省首个社保费电子文档管理系统

近年来，为深化"放管服"改革部署，践行税费"五同"理念，汕尾市局不断加强税费联动管理，积极提升地方税费征管信息化水平，并于2016年11月，以汕尾海丰县地税局为试点单位，在全省率先实现社保征收系统与电子文档管理系统对接上线，开启汕尾市地方税务系统征管信息化新篇章，为全省全面统一推行社保费征管电子文档管理、提高征缴效率提供了有益的经验。

一、不忘初心，致力推进社保费征管现代化

推行社保费征管电子文档管理是顺应税收新常态发展的必然要求，只有依靠信息化创新手段才能提升社保费管理和服务质效，为社保费管理工作更好地服务社会开辟了新途径。

为此，汕尾市局着力绘制创新社保费电子化管理"蓝图"：一是注重制度保障。精心做好社保费管理规划，适时制定社保档案资料的受理、整理、移交、接收、采集、立卷、归档、保管、查阅等相关制度，在制度框架下有序开展工作。二是注重人员保障。根据营改增后的形势变化合理配置社保费管理资源，有条件设置相关的工作岗位，进一步优化人员组成，选出一批有能力有思想的人员充实管理岗位。三是注重信息管费。充分认识到业务应用才是数据工作的核心驱动，以此次上线的社保费电子化管理系统为基础，以实际工作需求为出发点，争取在缴费评估、

缴费人分类管理等方面取得突破。四是注重创新协作。大胆尝试，积极学习掌握管理工具和方法，加强与科研机构合作，不断提高社保电子化管理能力。

在全省地税系统电子文档管理系统上线前夕，汕尾市局创新性提出，要把社保费征管档案资料与税收征管档案资料同步纳入电子文档管理系统，并且电子文档管理系统要与社保费征收管理信息系统实现对接。此想法得到广东省税务局充分肯定，并确定汕尾海丰地税局为全省地方税务系统首个社保费征管档案上线电子文档试点单位。

二、党建引领，倾力确保系统对接精准化

在社保档案电子化管理推进过程中，汕尾市局以"两学一做"学习教育制度化常态化为契机，依托省局信息中心和汕尾海丰地税局"结对共建"机制，多次召开上线筹备及业务划分讨论会，就社保业务权责划分、新增岗位人员及硬件配置、系统测试反馈、上线时间设定等问题展开热烈讨论，为试点工作的顺利开展奠定基础。

（一）明确"三项责任"

成立社保电子档案管理系统上线工作领导小组，制订上线工作方案，确立责任部门、责任人以及职责要求；明确办税大厅负责社保登记、增减员、申报征收、资料录入归档等工作；基层分局负责登记信息变更、催报催缴等工作；职能部门负责制订好上线方案，组织业务培训，加强与市局规费科、软件公司的沟通协调，做到社保业务权责明晰，业务流程无缝衔接。

（二）突破"三项难题"

根据电子档案管理系统要求，结合本地实际情况，多次前往有关单位考察学习档案电子信息应用情况，向系统开发的技术支持部门提交工作需求，共同寻求解决方案，突破社保费历史资料电子归档的难题；配套做好综合业务的前置工作，积极落实上线影像系统的部署工作，认真做好运行前系统的初始化工作，破解上线任务繁重问题；根据社保电子档案管理业务的调整状况，省局信息中心倾力对业务人员开展针对性培训，将各岗位和业务环节的执行标准统一化、规范化，突破上线前培训不到位的问题。

（三）强化"三项保障"

业务保障，严格按照社保费档案管理办法资料报送要求及社保电子文档业务清

单对各环节进行规范化管理，指导上线过程中对业务存量档案资料的处理；技术保障，做好上线运行软硬件建设和网络保障工作，就社保业务岗位人员配置、业务流程衔接、系统测试反馈等问题进行研讨，梳理社保业务归档需求，将散落的信息有效整合、加工、处理，加强信息化支撑；强化硬件保障，根据业务量需求，购置高拍仪26部、条码打印机45部、扫描枪26部、高速扫描仪9部。

三、成效彰显，着力提升社保服务便利化

自2016年11月电子文档管理系统上线以来，顺利为缴费人办理社保业务事项十万多笔，影像采集社保资料131 045份，涵盖参保登记、申报、增减员、核定、信息修改、托收单、催报催缴等业务。让缴费人报送资料更加简便，使社保档案资料从传统的手工化、纸质化模式向电子化模式转变，打破一直制约缴费质效的瓶颈难题，具体体现在以下几点。

（一）确保了社保费征管资料和工作流程的规范化

社保电子文档管理系统上线后，全局用"一套软件"。目前，各分局、办税大厅在办理社保业务时，能及时进行快速扫描拍摄和分类登记归档，大大提高资料采集质效，结束了各自为政的档案管理时代；同时，社保费电子文档采集的规范要求，促进了各单位税费征管档案的规范发展。

（二）保证了社保费征管数据的一致性、高效性和完整性

通过社保费电子文档管理系统一户式查询功能，利用纳税人识别号、纳税人名称、时间节点等关键信息，不同单位的管理人员可高效准确地实现社保费资料查找、调阅，有效提升社保费征管档案的利用效率。

（三）实现了纳税人、税务人员和税务局的三方减负

纳税人基础证照资料无须重复填写、多次多头报送，着实提升了纳税人对税务局的满意度；前台受理人员不再重复审核资料并整理烦琐的纸质资料，着实减轻税务人员工作量；税务局不再需要大量人员和庞大的库房存放传统档案，着实减少日后的人力、物力投入。

（汕尾市地税局）

全对象，全业务，全数据
——中山地税征管数据综合应用平台简介

中山地税征管数据综合应用平台（以下简称"中山应用平台"）是中山地税局 2011年上报省局批准的信息化试点项目。该平台利用数据仓库、"云计算"等技术，对海量数据进行加工分析，并通过可视化图表、工作流等工具，将"大数据"的分析结果进行"数据业务化"展现和税收业务应用。

一、项目背景

早在2010年，随着税收科学化、精细化、专业化管理的深入推进，"数据管税"的需求日益迫切。但数据却以资源分散的形式存在，各个信息系统之间存在统计口径和数据不一致的问题，虽有海量数据积累，却未能变成"金山银山"。为此，中山地税在省局、中山市政府的支持配合下，着手建设"中山应用平台"，以数据综合利用为重点和亮点，兼顾我局应用需求，构建了以"数据管税"为核心的征管新格局。

二、建设过程

建设中山应用平台共分为以下三个阶段：

第一阶段（基础应用）：2011年3月至2012年7月，建设满足中山地税全方位各层次人员业务需要的统一的查询分析系统，对查询需求进行集中、分类、提升，以征管业务查询为重点，征管质效监控（内控预警）为亮点，搭建系统基础框架，实现查询统计、内控预警等业务功能。

第二阶段（数据挖掘）：2012年8月至2013年7月，采用数据仓库技术，实现多种来源的数据整合；采用多维分析技术，实现多层次、多角度、多维度、高效率的数据分析；采用仪表盘等报表工具，实现直观、灵活、清晰的信息展现；建设指标库、疑点库，实现指标比对和疑点分析，把纳税评估的经验转化成生产力。

第三阶段（持续优化）：从2013年8月至今，转换所有历史数据，并对接省局下发的"金税三期"系统数据，持续汇集市政府各部门第三方数据，升级改造原有功能，打通自然人信息数据孤岛，逐步构建有中山特色的"一人式"自然人管理模式，实现新一代"全对象、全业务、全数据"综合展示及业务应用平台。

三、体系架构

中山应用平台不仅仅是一个应用系统，而且是一整套"层次分明、内容丰富"的完整体系架构。从基础到升华，由数据交换平台、数据应用平台、数据展现平台三层体系构成。

（一）数据交换平台，是一切业务应用的基础

通过利用GoldenGate和Datastage等工具，搭建了内部数据交换平台，把各种来源和分散于各数据库的原始数据汇聚到数据中心，实现稳定可靠的加工，降低了数据仓库项目的复杂性。同时数据中心面向查询应用，避免跨库查询导致降低效率。

（二）数据应用平台，是满足具体业务目标的应用主体

通过框架和插件的组织形式，实现数据的深层分析利用，包括统一的单点登录、门户和权限等，同时还有查询框架、内控预警框架和指标库管理，直接通过功能选项进行查询、预警项和指标项的新增、修改等配置，增强平台可扩展性，让我局可以专注于业务逻辑，快速实现具体业务目标，实现积木式的系统成长。

（三）数据展现平台，是"数据业务化"最直接的体验

通过多种多样的展示手段，如仪表盘、多维报表等方式，使数据不再枯燥，功能美观实用。提供独特的分析手段，让用户最直观地从数据里获得最有用的信息，引人入胜。

四、亮点成效

该平台有四大亮点。

（一）实时掌控分析收入态势的能力

平台具备按小时、高频次的数据更新能力，并可利用雷达图、饼图、仪表盘等工具，一目了然掌握对收入情况、重点税源变化情况、临散税源产生情况、征管基础情况。同时具备多层钻探功能，可以按税种、行业、经济类型、结构、比重等多维度展开分析，有效提升征管水平和税源管理能力。

（二）挖潜增收强化税源管理的能力

平台依靠包含工商、国税、国土、银行、住建等第三方数据的七大税种、15类疑点的疑点库，通过疑点计算、任务分发、核查反馈的闭环流程，将专业的纳税评估智能化、常态化。如利用"建安造价"疑点指标库发起集中审核，让成本"猫腻"无处可藏。又如探索建立的"一人式"自然人管理模式，只需轻松输入纳税

中山市地方税务局综合应用平台

人识别号，就能快速了解自然人的任职、投资、财产、纳税、社保、涉税违法等信息。该平台从2012年投入使用以来，纳税评估入库税费出现了几何式增长，截至2017年底，累计挖潜增收55亿元。

（三）化解内部征管风险的能力

平台设有内控预警模块，共设置20项监控指标覆盖征管业务各岗位的全程风险点。各项监控指标可以按固定周期自动识别并发现风险事项，形成责任到人的工作任务，自动交办给经办人。经办人在事务源头消除风险后，"内控预警"将自动进行核查比销。真正做到系统自动预警、智能跟踪处理结果，使监控项目变成操作员自觉遵守的业务规范，既防范了税务干部渎职、失职的风险，又提高了纳税人的遵从度。

（四）兼具部门联动共享增值的优势

平台综合利用众多部门的数据，打破系统壁垒，达到资源共享。通过市政府"政务数据交换平台"，我局与近30个行政部门实现了数据交换，截至2018年第一季度，共计归集政务数据4.8亿条，向外推送及共享数据7.5亿条。通过政务数据的交换和利用，各单位"多赢"局面逐步显现，不仅营造了我市税收共治格局，还加快了诚信体系建设的步伐，更为各类市场主体打造了健康公平的营商环境，为广大市民创造了良好的法治社会环境。

下一步，我局将继续以信息化建设为引擎，秉承"技术引领业务变革、业务推动技术创新"的发展理念，驱动中山地税继续向税收现代化目标大步迈进。

（中山市地税局）

从"金三易"到"国地通"
——东莞地税构建电子化、数据化、智能化新型征管模式

近年来，东莞市地税局开拓创新，积极探索转变征管方式，以现代信息技术为依托，打造"互联网+税务"，努力构建电子化办税、大数据管控、全过程服务、智能化提升的基于互联网生态的新型征管模式，防范执法和廉政风险，提高征管效能，努力在推进税收现代化建设新征程上走在全省前列。

一、小试牛刀

2015年1月8日"金税三期"优化版在我市成功上线并稳定运行。一些业务量较大的税务事项，如税务登记、门前代开发票等，操作人员需要在多个不同的界面来回切换操作，且大部分业务只能依靠手工录入，导致工作效率大受影响。减少手工录入、优化操作流程、缩短单笔业务办理时间、提高操作效率变得刻不容缓。

我局迅速组建专业团队，基于之前自行开发的创新小软件"开票小助手"进行需求分析和可行性论证，在原来小软件的基础上进行拓展研发，开发出一套全新的"共享数据辅助系统"，在没有数据接口的情况下，成功对接"金税三期"，这就是"金三易"的雏形。"金三易"在化解前台业务压力、提升征管效能和办税服务方面起到了立竿见影的效果，基本达到预期的效果。

二、崭露头角

"金三易"开发引入"大数据""云计算"的思路，以最快最实用的方式化解难题。

在税务登记方面，"金三易"实现了便捷导入功能。借助东莞市政府的"东莞市政务信息资源共享平台"，自动获取纳税人办理税务登记所需的字段，智能填写到"金税三期"的税务登记界面及其子页中，从而大大提高了工作效率。此外，"金三易"还完善了"金税三期"业务模块所不能实现的功能，如：工商发照信息查询、属地分发、联办任务实时推送、提醒等数据综合应用。

在门前代开发票方面，"金三易"实现了智能化。通过纳税人名称等关键字段进行模糊查询，即可查出该纳税人上次的开票信息。通过选用定制的124个税（费）种模板中的一种，实现智能核定税费信息，自动输出到在线开票系统和"金税三期"系统的征税模块，随后清缴税款、打印税票和发票。

据统计，此前办理一项税务登记平均需手工录入160多个字符，先后切换填写5个操作页面，平均耗时约18分钟。使用"金三易"后平均只需录入8个字符，且无须切换系统界面，平均耗时不到2分钟。

三、同心协力

市国税局经过考察调研后，专门组建合作团队对"金三易"进行改造研发，开拓性地以此为桥梁实现国地税间的信息交换与共享应用。横跨国税局地税局的国地税版"金三易"应运而生，取名为"国地通"。"国地通"标志着东莞国地税合作迈进全新的时期。

在开发"国地通"的同时，我们对其功能的优化从未止步。开发"国地通"二手房交易模块，实现办理二手房交易业务全程免填单、无纸化、数据把关、快捷高效。经测算，办理一宗二手房交易业务的时间，由原来的25分钟左右缩减至约5分钟。实现了由国土和房管部门纸质把关升级为电子把关。

针对"金三易"易于跨平台写入的特点，我们为"东莞地税征管档案数据化管理系统"定制开发了电子档案"一键建档"功能，促成了国地税间电子档案管理系统对接，实现国地税纸质征管资料影像共享、外部门影像资料接收调阅，为各类涉税事项实现同城通办、国地税联合办税奠定了基础。"国地通"还开拓网络手段和移动互联网技术，实现国地税税务登记证电子化和两证合一并网上亮证。

四、乘风破浪

在我市推行"三证合一、一照一码"后，我局克服税务登记补录数据不全、采集途径缺失的困难，依托"东莞市政务信息共享数据平台"实现登记信息自动推送，实时获取企业登记必须录入的全部61项涉税信息，在全省率先完成"一照一码"数据在地市级直接推送分发，东莞再次成为商改亮点。

在东莞申领"三证合一、一照一码"的纳税人到国税或地税一方办理补录登记后，就可同时办理国税、地税两家的登记事项。企业亦可在广东省网上办事大厅东莞分厅的专属网页补录涉税信息，无须再跑到前台补录，真正实现全程网络化、无纸化、自动化。

2016年，我局在整合国地税双方原有网上办税系统基础上大胆尝试，将国地税各自网报系统"合二为一"，在全国首创互联网端完成"进一家门，办两家事"的国地税合作新模式，网上办税效率大大提高，让纳税人"多走网路，少跑马路"。

五、如沐春风

沿着"国地通"的开发思路，我们陆续在"O2O国地税联合网上办税线下服务系统"、"国地通"车船税车购税管理平台、"国地通"实名认证管理体系等方面取得突破，为"国地通"品牌科技创新与国地税业务深度融合再添华彩。

从"金三易"到"国地通"，一路走来，我们通过深化税收大数据分析应用，有效解决了办事效率低、征管信息不对称、执法风险大、纳税人"多头跑"等问题，提升征管效能和优化办税服务，不断夯实国地税合作基础。

2017年，进入我国税制改革的后"营改增"时代，东莞市国地税继续深化合作，不断拓展和优化"国地通"办税平台的新功能：如根据"营改增"地税两代业务对其作适应性改进，整合二手房代开业务的增值税防伪税控开票功能、个人出租不动产代开功能、办税大厅电子智能填单预审系统等，使国地税联合办税有了更先进的系统支撑，国地税办税大厅实现"一厅通办"，纳税人享受到更加便捷的"一窗式"服务。群众对国地税部门的纳税服务满意度大大提升。

东莞市国税局、地税局将以更加坚定的信心，紧跟时代新步伐，运用互联网思维，引入云计算技术，发挥大数据优势，激发改革新活力，从解决实际问题出发，以优化服务为抓手，进一步拓展税收服务新领域，丰富国地税合作的新内涵，把"国地通"打造成为东莞国地税合作的亮丽品牌。

（东莞市地税局）

低成本，高效率，双减负

——新会国地税联合打造联合工作平台

　　"江门市国地税联合工作平台"是江门地区国地税为深化合作而联合建设的"江门市国地税联合办税生态平台"项目的税局端系统，2016年由新会区国地税联合委托方欣科技有限公司开发建设，于当年7月11日在新会区成功上线试用，并于2016年底在全市范围推广应用。

　　通过"江门市国地税联合工作平台"，税务工作人员只需一台电脑、一台POS机和一台打印机，使用一个账号、登录一个系统、在一个前台窗口即可办理相关税费业务。平台具备国地税CA共享、业务联办、电子档案数据共享的功能，可以同时访问和办理国地税的"金税三期"系统、电子档案系统、地税的新社保系统和统一工作平台相关业务，可实现国地税业务一窗式受理，国地税一体化管理，可单点登录国地税征管系统，实现数据及凭证信息共享服务。当纳税人线下到实体大厅办事时，利用平台可缩短工作人员处理纳税人相关业务的办理时间，提升服务效率，是广东电子税务局在后端实体大厅办理业务的一个补充，低成本、高效率、双减负。

一、系统主要功能

（一）整合了国地税主要系统，新增六项国地税联合办理业务

业务整合功能包括登记类业务17项，发票类业务24项，申报类业务54项，征

收类业务8项，认定类业务15项，优惠类业务34项，证明类业务10项，基金类业务3项，综合、法制、评估类业务各1项，总计168项事项。联合办理业务包括税费联报、联合税务登记变更、联合税务登记注销、存款账户账号报告、合并分立报告。对于文书类业务在联合平台税务端受理后同时写入数据到国地税征管，如果是审批类业务则走"金税三期"后续审批流程，审批环节与原"金税三期"审批流程一致。

（二）使用平台化思维管理系统，实现一人一机一账号一平台一打印机一呼叫一POS机

当前新会国税服务厅、新会地税服务厅的前台电脑都安装了联合工作平台，整体提高了前台办事效率。前台人员使用一台POS机、一个自动叫号机、一个打印机即可进行国地税业务的办理。前台人员可同时办理国地税业务，包括申报、文书、社保、发票以及缴款等业务。

（三）实现国地税联合电子档案的管理

通过联合工作平台办理的事项，可实时生成国地税电子档案，并可在联合工作平台的档案系统进行查询，电子档案信息除国税税务人员可调阅外还可共享给地税税务人员调阅。对于国地税联合事项或地税特有事项，相关档案信息也同时归档到省地税电子档案系统，可以通过省地税电子档案系统进行查阅。

（四）税费联报，提高效率，降低税收风险

为了方便税务人员，提高工作效率，国地税联合平台税务端及纳税人端实现报送增值税的同时一并报送地税两税三费（城市维护建设税、教育费附加、地方教育附加、印花税、堤围费）到地税征管。前台税务人员在提交增值税申报表后可选择继续申报增值税的附加税，附加税申报表数据自动带出。税费联报提高了前台人员的工作效率，同时也减少了纳税人到前台申报完国税之后漏报地税附加的风险，降低税收风险。

二、主要经验做法

该系统在新会区成功上线并不断完善，新会区局主要做了如下工作。

（一）与国税部门深度协作，强化合作效果

2016年6月前，新会区地税局与区国税局成立项目联合领导小组，形成"资源共用、成果共享、责任共担、风险共承"的深度合作机制，实现"三个合作"：一是合作统筹部署。建立定期工作例会制度，互通工作进展，细化工作目标，共同解决问题和困难，切实提高国、地税部门之间的协作水平。二是合作编写方案。共同商定软件需求方案、上线应急预案、对外宣传方案及业务调整方案等系列方案，确保系统开发、软件上线运行全过程步骤清晰、责任明确、标准统一。三是合作深度开展业务。共同开展数据对碰、系统与业务操作测试、差异分析等具体工作，确保各个环节协调推进。指定专责联系人，负责技术与业务的有机衔接。

（二）加强与软件公司的协调合作，不断完善软件内涵

新会国地税部门和开发公司多次召开研讨会，共同研究业务需求、细化业务方案，制订最优化的实现方案。在软件开发过程中，区局安排工作人员做好如下测试工作：一是专项测试，以部分专项业务测试为目标，要求前台人员采用真实用例进行测试；二是全面测试，以全员熟悉系统为目标，利用国地税共建办税服务厅的契机，采用国地税"一窗通办"的166项业务测试用例进行全面测试。遇到疑难问题时，项目组立即召开问题研讨会，提出业务差异和优化建议，交由开发公司逐条进行完善落实。

（三）积极稳妥开展软件系统的培训工作

新会区局采用多措并举、多管齐下的策略，积极稳妥地对全局的前台人员进行全员培训。一是开展全员分批培训，安排了多批次系统功能介绍和上机实操培训；二是针对个别人员的实测操作培训，上机案例使用真实数据，在实务中及时向项目组反馈系统结果，以验证学习成果能否迅速转化成工作能力；三是安排全体人员课后集中考核，以加强学习效果；四是制作系统操作视频学习资料，连同最新版的操作手册一并下发，方便学员随时查阅学习，加深印象。

（四）周密部署系统上线运行

系统上线采取先试点后推广的策略：2016年7月13日选取试点上线，8月新会区国地税全面推广。2016年底，根据江门市局安排，平台在全市范围推广使用。平台的成功上线，主要采取了如下措施：一是系统软硬件设备准备到位。组织各单位技术人员为所有主机安装系统平台，逐一测试检查，确保软件版本最新、设置正确能用、系统运行畅顺。全力做好国地税前台人员"金税三期"、社保、统一工作平台等业务系统的岗责权限配置，全面跟踪到每个人员，随时因应业务需求及时做出权限调整，理顺国地税双方系统权责。二是业务指导服务到位。测试组人员从2016年7月起，编写涵盖所有业务领域的业务操作指引，制订上线方案，指导征收人员进行系统测试，对测试过程中出现的操作问题，测试组及时研讨解决并通知到个人，使征收人员尽快熟悉系统操作。上线推广前要求所有人员必须使用平台做业务，以压力促成效，确保上线后业务平稳开展。

  江门国地税联合工作平台以基层办税需求为导向，在提升纳税人体验的同时，更加侧重提升税务人员的操作体验、办结效率和服务质量，为当前国地税共建办税服务厅、实现"一窗通办"式的税费服务提供技术支撑作用。平台的效能得到了省局和市局主要领导的充分肯定，被认为是国地税深化合作"可复制、可推广"的"创新点子"。

（江门市新会区地税局）

多跑网路少跑马路　办税走上高速路

——湛江市房地产交易智能办税系统简介

自2017年5月22日起，湛江市房地产交易智能办税系统全面推开，该系统针对新增房和存量房的各种交易类型（买卖、赠予、继承、离婚析产、夫妻财产加减名、拍卖等）进行在线申报、提交影像资料、优惠减免、在线缴税、电子税票、电子归档，整体实现了房地产交易涉税业务的全过程在线办理。截至2018年5月18日，已经有18 279宗交易使用该智能办税系统办结完税，其中新增房交易约7 260宗，存量房交易11 019宗，在线支付约3 950宗。

一、房地产交易智能办税系统特点

（一）一手二手齐上线，房产交易全覆盖

不断扩大智能办税系统的应用范围，目前，不仅解决了二手房交易的缴税问题，一手房交易也可以通过该系统来办理，纳税人不再需要亲自到办税大厅，只需要通过微信端或者电脑端，录入开发商、个人信息以及房屋和销售合同等基本资料，提交税务机关审核，然后用银联在线支付，选择邮寄方式领取完税凭证或发票，或者自行打印电子税票，即可完成房产交易涉税缴纳。

（二）纳税申报无纸化，电子办理全过程

该系统有三大板块：一是设立微信端和PC端办税接口。由纳税人根据交易类型

自行申报、填写、提交办税资料，上传所需的资料照片。二是设立税务部门审核数据端口。后台人员根据资料比对评估价和计税价以及判断该宗交易提交资料是否齐全、能否享税收优惠。三是开发建立房地产交易电子管理档案系统。纳税人提交的房产证、身份证、户口、合同、原购置发票、可扣除的住房装修发票、公证费、纳税人承诺书等资料将被一一归档，汇总到房地产交易电子信息影像资料库，全程实现无纸化办理。

（三）网上支付更轻松，足不出户可缴税

纳税人不需要到大厅排队，不需要往返跑路，不出门、不见面，就可以在家中用银联支付，轻轻松松地完成整个申报缴纳流程，就跟网购一样方便快捷，减少了很多麻烦，也节省了时间和精力。尤其对外地纳税人，更是大大地降低了征税成本，解决了办理涉税事务"最后一公里"的问题。

（四）网签信息共分享，数据录入更便捷

2018年初，湛江市地税局房产交易数据与不动产登记局（住建局）的房产信息和网签备案信息实现了共享。在智能办税系统输入"合同编号"，可以带出业主"网签备案"的相关信息，包括开发商名称、买方姓名、证件号码、房屋地址、楼层、合同金额、交易面积等十多项重要涉税数据，网上房产交易申报的填报内容从过去的由纳税人手工输入优化成由系统自动获取，大大减轻了纳税人使用手机填写信息和上传图片的工作量，缩短了房产交易申报的时间，提高了纳税人使用房产交易智能办税系统进行自行申报的意愿，同时保证了资料的准确性和权威性，降低了税务后台人员的审核工作量，提高了房产交易的办税效率，促进了纳税人满意度的提升。

二、房地产交易智能办税系统开发措施

（一）前期调研准备

从2017年2月开始，为了切实提高办税效率，提升纳税人实实在在的获得感，我局将开发"房地产交易智能办税系统"作为一项全局性的重要工作来抓，市局一把手亲自部署工作，税政、征管、信息、纳服等多部门紧密协作，先后召开集中协调会5次，现场办公会10次，还深入珠三角城市调研，为房地产交易智能办税系统的开发出谋划策，为该系统的成功试运行做了大量的前期工作。同时，为了实现房地产数据与不动产登记局（住建局）的数据共享，我局领导带队，多次与住建局和不动产登记局沟通协调，联合发文，签订信息安全保密协议。

（二）反复测试和修正系统

从2017年3月份开始，我局与天正信息公司签署开发合同，工程师、研发人员和我局各科室的工作人员加班加点，进行系统的研发，与省局信息中心进行对接。系统开发完成后，我局进行大量的测试和校正，确保每一种交易类型（买卖、赠予、继承、离婚析产、夫妻财产加减名、拍卖等）所需要填写提交的资料可以按照系统提示，一步步录入，纳税人接收的短信（微信）确保1分钟内收到，即使是普通百姓也能明白操作流程。我局从基层抽调人员进行系统验证，并在大厅进行了一周的试运行。邀请一些非税务人员进行测试检验，从纳税人的角度，感受该系统是否方便、易懂、易操作。

（三）加大培训和宣传推广

为了让更多的纳税人迅速熟悉并掌握该系统的使用，进一步加强宣传推广和业务培训。一是在日报上刊登《湛江市地税系统房地产交易智能办税系统操作指南》，并印制了1万册指南发放给纳税人、中介机构和房地产销售人员；制作图文并茂、通俗易懂的H5、长图和房产交易常见问答集，在微信、微博等多种网络平台上推出，方便纳税人随时随地学习使用。二是针对房产中介和前台办税人员的不同需要，举办了两期"房地产交易智能办税系统"培训，演示和练习并重，政策学习与实际操作同时进行，让中介人员和前台办税人员更快更好地熟练该系统，线上线下相结合，进一步提高房地产交易的办税效率。同时，各县（市、区）局利用晚上时间，去各大楼盘向售楼工作人员宣传推广使用"房地产交易智能办税系统"。2017年，各局已经在25个楼盘进行了宣讲推广。

三、纳税人使用智能办税系统的反馈情况

孙女士是某房产的中介，她说："目前，在我手头成交的房产，我都是用这个智能系统。这段时间，湛江楼市非常火爆。白天我要带客户看房，没有时间去税务局。晚上回家后，我可以在家录入资料，在线支付，非常便利，为我省时省油省去排队等候。现在我熟悉这个操作界面了，使用起来就像使用网络购物一样。"

在广州工作的王先生今年在湛江购买了一套商品房，但因为人在广州，回来办理不方便。听说湛江地税开发了"房地产交易智能办税系统"，他通过电话咨询，在湛江地税工作人员的指导下，成功地通过"湛江地税"微信公众号缴纳了21 500

元的契税。了却了一件心头事，王先生欣喜地留言说："现在网上就能搞定缴税问题，我不用专门从广州跑回去了，太省时间和精力了。"

从使用情况来看，50岁及以上的中老年人更愿意来大厅，因为年长者对智能手机和电脑不熟悉。但大多数中介机构工作人员偏向使用智能办税，因为他们可以利用非工作时间办理税务业务，省时省事。这个系统的推行，是近年来湛江地税深化"互联网+税务"新模式的一项举措，不仅减轻了税务机关纸质资料流转、存档的压力，更切实降低了纳税人办税的经济成本和时间成本，让纳税人多走网路，少走马路，切实感受到"便民办税春风"行动带来的温暖与便捷。

（湛江市地税局）

一"卡"一端，智慧税务

——肇庆高要区地税局创建首个办税"双智"平台

在《深化国税、地税征管体制改革方案》颁布实施的大背景下，2015年12月，广东省肇庆市高要区地税局自主研发的全省首个办税"双智"平台正式上线运行，全力打造指尖上的"智慧税务局"。此举通过将互联网的创新成果与税收工作深度融合，颠覆了传统的办税模式，推动了税收征管和纳税服务的新变革，有效提高了税收的征管效能，让广大纳税人享受到"互联网+税务"带来的高效和便捷。

一、"智能办税服务卡"实现"一卡在手，办税无忧"

智能办税服务卡（以下简称"服务卡"）是纳税人的专属身份证，记录了纳税人常用的涉税资料和信息，实现涉税信息的快速录入、资料的快捷传递、纳税人身份的准确验证、办税设备的高度融合，纳税人不再需要为填写复杂的涉税信息、重复报送资料和来回奔波盖章而烦恼；税务人员亦可从重复烦琐的涉税信息录入和核对中解放出来。

（一）银行借记卡"一体化"集成，实现"一卡两用"

加强与银行的合作，应用新技术，推动办税卡和银行借记卡"二合为一"。它是纳税人的"支付宝"，捆绑了银联功能，可以帮助纳税人更方便、更快捷实现税费缴纳。

（二）办税资源"信息化"整合，实现"一卡开启"

通过整合办税服务厅资源，将排队取号卡、VIP绿色通道卡、自助终端访问卡、自助填单登录卡以及24小时自助办税区门禁卡等多卡集成，给纳税人带来安全高效便捷的办税体验。

（三）涉税信息"智能化"读取，实现快速准确录入

为解决涉税信息填写和录入繁杂的问题，纳税人（或税务人员）通过轻松刷卡，便可自动提取纳税人识别码、纳税人名称、纳税人地址等信息，并快速准确地录入到"金税三期"系统、社保系统、自助填单系统和自助终端的相应输入项中，既保证了录入的准确性，又提高了录入速度。

（四）涉税资料"电子化"记录，免除重复报送

服务卡对办税需报备的外经证、营业执照、税务登记证、土地登记证、房产证等有关证件进行电子化采集，免除重复报送，节约征纳成本，积极探索"无纸化"办税。对于外来经营纳税人，服务卡会电子记录其首次提供的工程合同等资料，下次办税无须重复报送，并实现对每个项目的台账式管理，列明每次代开发票的信息，展示已开票、未开票的进度情况，提高管理的质效。

（五）税务发票"安全化"审核，确保发票领购安全

服务卡记录了发票专员的姓名、身份证号码、相片等信息，只有实际领用人与系统记录信息一致时，才能办理发票业务，杜绝了冒领发票的情况发生，确保发票领购的安全。

（六）单位印章"便捷化"调取，免除奔波之苦

运用数字密码和计算机云技术，对纳税人的单位公章、发票印章和财务章进行信息化采集储存，只有在安全授权和合法验证时，才能调取使用，既安全又便捷，解决了纳税人奔波之苦。

二、"智能移动办税终端"打造"指尖上的智慧税务局"

"智能移动办税终端"（以下简称"移动App"）依托"金税三期"工程开发，涵括了涉税信息、发票管理、社保办理、辅助填单、流程跟踪、电子证件、政策指南、帮助工具、征纳互动、银行服务、公众服务、效能监督12大类50多项服务功能。

（一）税费信息"一览展示"

为保障纳税人的知情权和监督权，方便纳税人实时查询自身的涉税记录和信息，该局将所有与纳税人有关的税费资料进行整合，并用通俗易懂的图表形式主动推送。纳税人只需通过移动App联通网络或离线读取"服务卡"，便可清清楚楚地掌握所有涉税费信息。

（二）预约办税"一点搞定"

移动App提供了办税厅排队情况查询、预约网上取号等功能，纳税人只需指尖轻点手机便可实时查询办税厅的排队等候情况，可根据排队情况安排办税时间。

（三）办税流程"一目了然"

为解决纳税人对涉税审批事项进度掌握不清、查询渠道不多等问题，借助移动App可随时随地查询到各审批环节的流转进度、办结时限、批复意见和当前办理人，实现业务查询从"地上跑"变为"网上跑"；监管部门也可随时进入系统查询业务办理进度，以便开展督导。同时，系统根据预先设定的办结时限进行风险提醒，防止出现业务办理超时。

（四）执法文书"一键送达"

研发App税务端，自动筛选欠税欠费、定额调整等信息，并生成电子执法文书，通过移动App税务人员主动推送和纳税人电子有效签收，实现执法文书的"无纸化"传递，提高了文书送达的效率，并能实时掌握送达完成情况。

（五）移动办税"一样轻松"

将纳税人经常使用的一些服务项目移植到移动App，实现与办税厅现有的辅助填单系统进行数据对接，纳税人轻松实现掌上填写、远程上传和无线打印；也可以通过手机直接登录广东地税电子办税服务厅，进行网上办税。

（六）办税指南"一网打尽"

针对现时办税指引资源相对零散的问题，将政策法规、办税地图、通知公告、自助计税等进行归集，纳税人可通过一个入口查询到想要的涉税资讯，免除了到处查找的麻烦。

（七）效能监督"一丝不苟"

为了给纳税人提供便捷的评价渠道，移动App设置了"效能监督"功能，纳税人可通过手机对当天未进行服务评价的事项，进行满意度评价，还可以"掌上"提出意见、建议，实现点对点双向沟通反馈。

（八）税银资源"一体集成"

一方面，纳税人可实时查询已签订预储扣税三方协议的银行账户余额，方便及时提醒纳税人。另一方面，在前期与高要农商银行实施"税融通"业务的基础上，通过移动App展示"税融通"融资贷款条件，并通过"服务卡"实现税银资料和信息的互联互通，更好地方便纳税人办理融资贷款。

"双智"平台的推广应用，是该局贯彻落实《深化国税、地税征管体制改革方案》，推进"互联网+"行动计划，积极进行税收征管和纳税服务变革创新举措的具体措施。下一阶段，高要区地税局将继续按照省局、市局的有关部署，进一步拓展"双智"平台的功能，加强国地税合作，推进信息共享，探索加强房产、国土、社保等管理部门信息的互通互读，努力向无纸化办税及跨部门信息共享的目标和方向迈进，为深化征管体制改革作出更大的贡献。

（肇庆市高要区地税局）

"数据管税"的甜头和威力
——揭阳地税开发涉税数据智能管理平台

　　"十二五"期间，揭阳地税在一步一个脚印的建设历程中，逐步加深对涉税数据的认知——数据从作为应用系统产生的一种附属物，变成了宝贵的资产；通过对涉税数据的分析利用，切身感受到"数据管税"的甜头和威力，全局上下牢固树立"数据管税"理念。自2015年以来，揭阳地税积极探索以信息化为引领，应用互联网+、大数据、云计算等先进技术，遵循问题与实效导向，按照"解决四大问题，做好五项服务，实现数据管税"的总体思路，以"实现多渠道采集、分类归集、综合运用、风险预警、降低风险的数据应用新格局"为建设目标，开发建设了揭阳税务涉税数据智能管理平台。

一、背景

　　在当前互联网+、大数据、云计算等先进技术在地税系统逐步应用，各级税务机关"互联网+税务"行动全面推广的情况下，揭阳地税数据应用面临碎片化存储、格式不统一、应用效率低等诸多问题。行政审批制度改革、一照一码商事登记制度改革、营业税改增值税等一系列改革，使"数据管税"成为重构地方税费管理新体系的不二选择。

二、平台的创新点

一是先进的大数据结构。整合了"金税三期"系统、社保费系统、税源平台、两业系统、车船税征管系统等征管数据以及政府第三方涉税数据和互联网采集数据，采用大规模并行处理数据库、分布式文件系统、分布式数据库、云计算平台和可扩展的存储系统。二是多方的数据归集。平台提供全方位的涉税数据交换与采集，提供互联网信息资料的采集与清洗转换；服务该局推进征管体制改革，落实国地税合作、落实总局"两个规范"，加强税收风险管理、后续管理等工作，加强内部绩效管理，提供了一个综合性的技术支撑平台。三是先进的开放性设计。平台提供开放接入服务，支持所有外部系统共享一个用户身份在平台中处理外部系统功能。通过授权让各级各部门作为第三方开发者，使用平台提供的应用程序编程接口和大数据资源，充分发挥平台开放性架构的优势。

三、平台取得的成果

平台运行以来，实现"促收入、提质效、降风险、优机制"的目标，依托平台积极构建"五个新体系"，全面支撑推行税收专业化改革、转变税收征管方式，实现事前审核向事中事后监管、固定管户向分类分级管户、无差别管理向风险管理、经验管理向大数据管理的"四个转变"，逐步形成大数据管控新格局。

（一）构建以数据管税为核心的地方税费管理新体系

该局在"营改增"后积极探索重构地方税费管理新体系，形成以"数据管税"为核心，以推进"深化国地税合作、建设数据利用平台、强化税收风险管理、推行税收共管共治"四项核心工作为路径的新体系。平台上线应用，为地方税费3+1模式、税收风险管理、税收共管共治提供强大数据支撑，奠定坚实数据基础。2017年1月，该局利用平台对2013—2016年国税申报入库数据开展"一税两费"专项风险管理工作，并将疑点数据通过涉税数据智能管理平台推送到各级风险办开展风险应对。据统计，2017共有7 777户纳税人自查补报，入库税费12 200.3万元、滞纳金1 396.71万元。

（二）构建以数据治理为基础的税收风险管理新体系

平台上线应用，为风险管理提供经清洗处理的大数据资源，为数据批量应用和风险扎口管理提供大数据处理技术，使该局基本形成"以数据治理为基础、以风险管理为导向、以平台为支撑"的税收风险管理体系。

（三）构建以实时监控为手段的征管质效监控与评价新体系

平台上线前，该局对各类征管指标的监控，采取由市局后台查询统计、OA定期通报、数据分解下发等方式，在增加市局工作量的同时，基层单位也很被动、事后疲于应付。平台上线后，基层通过平台可实时监控本单位数据情况、各个考核指标完成以及与考核标准的距离等情况，可以采取更加主动、更加有效的措施提升数据质量和征管质效。

（四）构建以大数据为支撑的税收共管共治新体系

一方面依托平台强化纳税信用等级评定的过程管理和后续管理，平台可查询当年度纳税人信用积分，对可能出现降级风险的纳税人进行预警；在风险排序环节，将纳税人上年度的信用等级列入积分度量因素。另一方面依托平台进一步拓展地税与不动产登记局、地税与公共资源交易中心点对点联网，实现先税后登记的电子把关。将地税欠税纳税人、非正常户等失信名单动态共享给工商、银监等部门，落实联合惩戒机制，推进社会信用体系建设，2017年以来，通过共享涉税失信信息数据21 248条，促进纳税人及时清缴税费231户次，入库税费2 061.81万元。

（五）构建以事前事中防控为特色的科技防腐新体系

平台依照内审内控、执法督察的查询口径，将部分业务类指标通过平台实现实时查询，并对问题数据进行预警，使基层单位在事前事中掌握风险点，及时排查并采取措施进行处理；内审、执法监督部门可通过平台的数据"按图索骥"去查找风险点，搭建"不能腐"机制；通过全员培训，多角度宣传平台上线带来的变化，牢固树立责任意识，全面营造"不敢腐"氛围。

四、平台的前景

下一阶段，揭阳地税将在集智众创征集需求基础上，继续按照"数据资产化管理"理念，拓展涉税数据采集渠道，推进数据挖掘深度应用，推进办税便利化改革，探索"互联网+税务"云服务，构建以大数据资源库统揽内外涉税数据、以征管状况监控展现征纳画像、以数据深度应用驱动风险管控的数据管税格局。

（揭阳市地税局）

V-Tax领跑智能办税新时代

——横琴新区地税局"互联网+税务"创新项目简介

为响应国家税务总局、广东省地税局"互联网+税务"工作部署，顺应时代发展潮流，2016年9月20日，全国首创的V-Tax远程可视自助办税系统在横琴自贸区正式上线，为实现税收现代化目标注入了新动力，为纳税人带来全新的办税体验，成为总局"互联网+税务"行动计划实施一周年的实践成果。

一、产生背景：始于大发展需求，终于纳税人满意

（一）V-Tax是横琴新区自贸片区大发展的迫切需要

横琴自贸区的挂牌成立吸引了众多企业抢滩进驻横琴，横琴新区地税局现有管户36 300余户，其中世界500强企业44家，国内500强企业72家，港澳企业2 218家。随着商事登记改革的深入推进，总部经济特征更是日益突出，超过90%的企业实际生产经营地址不在横琴辖区，而是分布在北京、上海、广州、深圳乃至香港、澳门等地，企业对实现全业务的跨区域办理的诉求非常强烈。

（二）V-Tax是国地税征管体制机制改革后加强自然人税收管理的大势所趋

随着"营改增"的全面实施及党中央《深化国税、地税征管体制改革方案》的逐渐落地，地税部门的征管范围从以间接税为主转向直接税为主导，费金的收入比重进一步提高，自然人纳税人征管难度呈几何级数增加。这对我们树立税费并重理

念、创新自然人税收征管服务，提出了迫切要求。

（三）V-Tax是制度创新倒逼下办税服务的新思路、新突破

2015年下半年横琴即在全国率先提出"零跑动""零收费""零罚款"的制度创新，为了更好地创新服务自贸区发展大局，深入推进办税"零跑动"，亟须该局在创新办税服务上取得新突破。

二、设计理念：从"全国通办"到"全国直办"

V-Tax在对"全国通办"进行有益探索的基础上，融合了电子办税服务厅的理念，创新拓展"全国直办"的工作思路，更加有效地解决了让纳税人"零跑动"的难题，是探索实现电子办税服务厅和实体办税服务厅最有效的结合，也是实现电子办税服务厅"个性化"服务的补充。在"全国直办"的核心理念下，V-Tax的建设还基于三大理念：

（一）可视远程

通过可视功能，实现远程受理，并传达到传统的人工前台开展服务，切实解决纳税人必须跨境、跨省、跨市、跨区到实体办税厅办税的困境。

（二）智能协同

V-Tax覆盖原来在前台由税务人员参与完成的所有涉税业务，通过实时协同技术，实现了设备、办税服务人员、远程税务专家与纳税人的协同。

（三）融合创新

V-Tax系统与电子办税服务厅、24小时自助办税系统形成互补之势，并采用3D技术，努力打造全业务虚拟厅。

三、内容描述："三通""四跨""五步""六能"

"三通"指V-Tax是一个'三位一体'的智能系统，纳税人可以通过自助办税终端、PC、手机三个通道登录3D虚拟办税服务厅，然后就可以像坐在前台一样办理业务了。2016年7月，该局成功试运行V-Tax自助办税终端版，受到纳税人广泛好评，经过反复调试，首批4台自助办税终端已在佛山、珠海等地安装启用。PC、手机版和自助终端的原理相同，纳税人经过多种验证方式进入3D虚拟办税服务厅后，上传涉税业务办理所需资料，有需要时可使用电脑和手机的摄像头和语音设备进行交互，税务人员网上审核资料，在线实时办理业务，并通过邮寄快递完税凭证和发票以及相关涉税证明。V-Tax业务设计涵盖了房产交易、多地取得收入个税申报、社保登记等原先需纳税人来办税厅前台办理的业务，实现了日常涉税费业务的全覆盖。

"四跨"是基于V-Tax把办税窗口搬到纳税人面前，它以互联网为载体和通道，只要有网络，就可以"跨境、跨省、跨市、跨区"办税。例如，纳税人身在北京要办理横琴涉税业务，走"全国通办"途径，他需要去当地的税务局，现在通过V-Tax，纳税人坐在家里就可以"直通"横琴地税办税厅，在办理的过程中还可以处理手头其他事情。从某种程度来说，V-Tax远程可视自助办税系统开创了智能办税的新时代。

"五步"是指V-Tax的操作非常容易上手，大致可以分为登录、提交、对话、审核、办理五步。比如自助办税终端配套了电子触摸屏、电子签名笔等设备，辅助远程遥控功能，使纳税人如同在办税服务厅前台一样，获得所需咨询服务和填写辅导，在自助办税终端上实现办税服务厅的全业务"一窗式"办理，自助打印完税凭证、业务办理回执、涉税证明等。

"六能"指V-Tax具备能问、能查、能看、能听、能约、能办"六大功能"，前台涉税业务通过实时协同技术，可以随时转变为纳税人和远程税务人员以远程音视频和桌面协同的方式交互共同完成，办税服务人员、远程税务专家与纳税人可在相同时间、不同空间内协同办税。

四、经验总结：智能便捷　征纳共赢

（一）跨境跨区域办税，全国直通无障碍

V-Tax是纳税人"面前的办税窗口"，它打通了区域壁垒，创新拓展涉税业务全国直办思维，为涉税事项全国通办提供有益探索。V-Tax以互联网为载体和通道，只要有网络，就可以跨境、跨省、跨市、跨区办税，纳税人坐在家里就可以"直通"横琴地税办税厅。境外纳税人同样也可以通过PC、手机登录V-Tax系统办理如一手房契税缴纳等涉税业务。

（二）可视办税人性化，远程协同功能全

V-Tax具备能问、能查、能看、能听、能约、能办"六能"，通过实时音视频远程交互，实现纳税人与税务人员"面对面"办理业务，打造"全业务、全天候、面对面、类前台"的新型办税服务模式，给纳税人带来了全新的服务体验。

（三）自助操作很便捷，征纳共赢双减负

V-Tax自助办税终端配套了电子触摸屏、电子签名笔等设备，辅助远程遥控功能，纳税人业务办理完毕后可自助打印完税凭证、业务办理回执、涉税证明等；运用PC或手机登录，可上传涉税业务办理所需资料，使用摄像头和语音设备进行交互，在线实时办理业务，并通过邮寄发送完税凭证、发票以及税收证明等，从而进一步缩减了纳税人现场办理业务的时间。后台服务运营中心通过实时监控，依据实际业务量进行人力调配，合理分配工作量，前台税务人员的工作压力得到有效缓解。

（珠海市横琴新区地税局）

故事·不忘初心，守得匠心

有一个地方只有我们知道
——广东地税"金三人"工作追记

许多人知道南国桃园，却鲜少留意到花田畔的广东地税南海信息中心，以及那群来自全省各地的地税人。倘若把这群人比作花农，那"金税三期"就是他们汗浇泪灌的桃花林了。

时间推至那个春风沉醉的夜晚，2015年1月7日23:59，数据楼灯火通明，大厅里人潮涌动，人们或仰望LED显示屏，或瞅紧手表，都迫不及待倒数着：10、9、8、7……

1月8日00:00! 巨大的欢呼声爆发，令人魂牵梦萦的"金税三期"系统优化版终于正式上线。五百多人在夜里欢呼落泪，但欢欣鼓舞过后，却是集体沉默。

在这里，十年"金三"历程，积攒着多少人的希冀，凝聚着多少人的心血，承载着多少人的梦想。这里的300多个日升月落，多少不眠之夜，多少涔涔汗泪，多少筚路蓝缕，终竟玉汝于成!

可是，这个地方，只有我们知道。

春生·梦想·奉献

春季适合耕种。埋下种子，有朝一日破土而出，志在千里拔地参天。对广东地税"金三办"税务干部来说，围绕原有信息化征管水平以及纳税人体验满意度不降低的工作目标，"精益求精，打造出一个更稳定、更好用、更准确的优化版"，正是他们心目中的"参天大树"。

从种子到大树，离不开强大的团队支撑。2014年3月，国家税务总局在广东南海税务信息处理中心启动优化实施工作。广东省地税局领导高度重视，"金三办"队伍人数从195人，增至287人，再升级到327人，全系统上下决心集中力量，抢抓时间进度，打好这场攻坚战，确保目标任务顺利完成。这支阵容强大的队伍中有不少税龄十年以上的"老税干""大集中"系统上线的"老战士"。他们是各组的中坚力量，经验丰富，业务精湛，工作上事必躬亲，身先士卒。在他们的传帮带下，许多80后、90后敢于担当、敢于吃苦、敢为人先，纷纷得到了专业而全面的锻炼，快速成长为一支敢打硬仗、能打胜仗的高素质队伍。

从种子到大树，离不开恪尽职守的奉献。"金三办"全体税务干部始终坚守在上线准备的最前线，放弃正常作息，度过了一个又一个不眠之夜。深夜的数据楼总是别有一番景色，茶香、咖啡香四处飘逸，人声、键盘声此起彼伏。有的人十指还黏在键盘上就能打个盹，很快又被旁边的讨论声吵醒；有的人往洗手间里跑，向自己脸上泼冷水，拍打几下后又跑到电脑前；有的人实在是忍不住了，到数据楼下跑了几圈再回来；有的人干脆带上耳麦，打开强劲的音乐而后对着枯燥繁复的数据……当黑夜弥散，雄鸡啼晓，又一个看似不可能完成的任务终于完成，人们才敢放松神经，趴在办公桌前休息一会。有个开发系统的小伙子，进驻桃园不久后患上了慢性胃炎，却为了"码"好"最后一行"代码，一拖再拖不肯去治疗，最后还是病发时疼痛难忍，才请了一天假去看医生，第二天也不好好休养就赶回来；有个可爱的小姑娘，国庆期间做了小手术，医生要求一个月内要多休息少操劳，但她手术后一个星期就嚷着要回桃园；有个男生摔断了右手，打上石膏，缠上绷带，固执地坐在电脑前用一根手指敲击键盘，被同事们笑称"一指禅"……

从种子到大树，离不开地税家属的支持。正是有这些可爱可敬的地税家属在身后，这群"金三人"才得以心无旁骛地为梦想竭尽全力。不少家属虽然心疼亲人，埋怨几句后还是支持他们奔赴桃园。一个工作中总把笑容挂在脸上的大男孩，遭遇了两位亲人相继离世以及母亲患重病的不幸。当他大哭着回到家，父亲拍拍他的肩膀说："男子汉大丈夫，哭什么！快回去工作，和你的伙伴们一起。家里还有我！"有位税源控管项目组的女同事，一直挺着大肚子坚持工作，生完小孩后不久又回来连续工作了23天。她丈夫十分理解，自己一边工作，一边当爹，一边当娘，以实际行动缓解妻子的后顾之忧。有个阳江的铁汉子，连续工作两个月后回到家，三岁的儿子不认得这位父亲了，看到他就躲。好不容易和儿子熟络了，又要匆匆离别。出门那天，儿子抱着他的大腿歇斯底里地哭着说不让他走，还是妻子撒谎说爸爸出去买玩具，然后朝他使了个眼色，示意他快走。这个坚强的大男人，方转过身，豆大的泪珠便忍不住往下掉……

这是一支可爱的团队，一支心怀梦想、甘于奉献的团队。在2014年那个春天，他们种下了梦想，并为这个梦想付诸汗水，细心呵护，无微不至。他们笃信，下一个春天，这梦想一定会蓬勃绽放。

夏长·汗水·实干

夏日桃园，艳阳高照，绿树成荫，蝉鸣阵阵。桃花林中，隐约能看到花农躬腰施肥的身影。一分耕耘，一分收获。就如桃园里的"金三人"：他们脚踏实地，注重实效，坚守着岗位，挥洒着汗水。

在他们眼里，实干就是"与时间赛跑"。走进忙碌的数据楼，你会看到他们或默默埋首电脑前飞快地敲击键盘，或围坐在白板前讨论得面红耳赤，或抱着大堆文件在楼层上碎步快走，或忙于应付此消彼长的电话铃声。你也会看到在有限的场所里，他们争抢会议室快节奏开会的身影，一拨出来、另一拨马上涌进去。每个办公室的工作板上都记录着密密麻麻的日程计划，常让人产生一种走进证券交易所的错觉。

在他们眼里，实干就是"敢从头再来"。实事求是，精益求精，是他们一直坚持的原则。有个小组用了整整三天时间找到了特色软件接入口的解决方案，可高兴没多久，却发现这方案还有瑕疵，无形中会增加基层一线工作人员的工作量。这意味着三天努力的成果全部要推倒重来，四个男孩在楼梯间里难过得眼泪直掉。有几个人能明白这其中的心酸呢？但擦干眼泪后，他们跑回办公室，又以最饱满的热情、最严苛的自我要求重新投入工作，从头再来。

在他们眼里，实干就是"多做少说"。他们谈起业务来头头是道，说起冷笑话也让人忍俊不禁，唯独不会向别人炫耀辛苦工作取得的成果。这群人习惯了加班加点，习惯了默默无闻，习惯了脚踏实地，唯独不习惯夸大其词。

是的，在"金税三期"优化系统庞大的数据面前，什么语言都是苍白的。单看这些令人敬畏的亿万级数据，就能想象得到这群开得起玩笑却不喜欢夸夸其谈的人们，背后都付出了辛勤的汗水。所有这些工作，都是他们短时间内一步一个脚印完成的，其中的艰难困苦，又岂是局外人能轻易感受得到的呢？

秋收·酝酿·协作

金秋时节，桃树林正积蓄力量迎接春光烂漫时的尽情绽放。桃园里的"金三人"，悄然酝酿"金税三期"系统优化版的顺利上线。

在这里，总局工作小组、国税"金三办"、省局"金三办"、各地市派驻人员和软件公司人员，如同一台大机器里的一块块零部件，环环相扣、高效运转，向共同的理想和目标负重前行。他们一同开展需求分析，编写测试用例，解决系统问题。特别是在系统单轨上线前的试运行阶段，全省各地共发现各种系统问题271个，其中阻断类问题138个。如果这些问题不立即解决的话，将会使系统正式运行遭遇难以想象的困难。而一天之内解决271个问题，难度可想而知。夜晚的信息中心仿若白昼，键盘声、讨论声组成独特的旋律，经过各方层层过滤问题、开会研讨、分工协作，在反复对碰讨论中，终于赶在第二天系统正式对外开放前解决了关键问题。

在这里，微信是他们办公软件的标配。一位组长告诉我，他的微信里有80多个群，全是和"金税三期"工作有关的。除此之外，他们还用邮件、QQ、电话等工具沟通交流，甚至咖啡厅、饭堂、大厅都是交流的场所。也就是说，他们要想找到一个人，就能随时联系得上。有天凌晨两点，突然微信不断提示，接着手机铃声响起，大家接到通知要在上午8:30之前处理好一个紧急问题。十分钟内，数据楼各个窗口灯光陆续点亮，各方人员齐集，没有任何怨言马上开始工作。

在这里，除了正常的上班时间沟通协作外，还悄然兴起"餐桌文化"。早餐、午餐、晚餐，甚至夜宵时间，大家会习惯开临时会议，一边讨论基层上报的"疑难杂症"，几番推敲议出初步解决方案后，再分头落实。也不知何时，在餐桌前讨论业务已经成了省局"金三办"的传统。这是因为大家每天忙得团团转，能够固定待在一个地点讨论的时间并不多，许多问题需要几个人协调的时候，餐桌就变成了最容易聚首的地方。

有梦想，有希望，有依靠，有一群相互陪伴着通宵熬夜的队友，有一群因工作争吵后还会热情拥抱的队友，是幸运的。

冬藏·积攒·卓越

当最后一片叶子飘落，便是桃花盛开之时。桃园里的人们，正紧锣密鼓作最后的冲刺。

广东作为全国税收总量最大、业务量最多、业务种类最复杂的省份，较于其他省份而言，上线一个新系统所面临的困难也是最庞杂最繁重的。他们不仅要负责解决所在地市每天提交的问题，还要按照业务域分工解决上线难题；他们每天都奔走在各组、各厂商之间；他们挑灯夜战，对着一张张代码表仔细推敲每一条数据；他们争分夺秒编写业务指引，编写常见业务问题集……

他们打造了"卓越、实干、协作、奉献"的"金三精神"，完成了自我成长与超越。在短短的300多天里，他们完成了涉及136个代码参数表、126个岗位、2 238个系统功能、276条工作流的配置工作；在短短的300多天里，完成了101个清理事项，清理数据433万条，累计迁移数据24.5亿条；在短短的300多天里，接入改造7个特色软件，涉及680个功能、282个业务场景、1 078个关联关系、391个服务；在短短的300多天里，梳理1 016项底层业务清单，初步整理了891项业务规范文本，累计编写了一百多万字的详细业务指引文档……

如果说广东地税曾为在全国率先建起数据大集中系统而自豪的话，那么今天，他们更为肩负的全国先行者、排头兵的使命而骄傲，为必将载入中国税收发展史册的事业而自豪。

初春·圆梦·启航

2015年1月8日，"金三"圆梦！这是"金三人"给自己的人生、给亲人同事、给纳税人、给亲爱的祖国的最好的新年礼物！

今天，南国桃园里的地税人大多已离开，回到他们原来的工作岗位上，回去和他们的亲人相聚，回到平静的生活中。他们带着沉甸甸的"金三精神"，带着弥足珍贵的战友情谊，带着这段难得的人生经历，满载而归。

这是一个承载了广东地税人十年梦想的地方，这是一个盛满了广东"金三人"美好奋斗年华的地方，这是一个流淌着"金三人"真挚情感的地方。广东"金三精神"在这个地方传承，"金税三期"的优化之路在这个地方扬帆启航。

许多年以后，这个地方只有我们知道。

（阳江市地税局　陈明选）

"金三"这道茶　用心方能泡好

生活中的黄世能精通茶道。

早起沏一壶茶，开始一天繁忙的工作，是他每天的习惯。1976年出生的他，是广东省地税局信息中心副主任，国家税务总局首批税务领军人才，在"金税三期"工程建设第一阶段试点工作中立下个人二等功。而这些在他看来和泡茶无异，他所要做的是专心致志泡好"金税三期"这道茶。

1993年，黄世能作为广东南海高考状元考上华南理工大学，硕士研究生毕业后进入广东地税信息中心工作，这一干就是16个春秋。2013年春，黄世能开始参与"金税三期"项目，担任广东地税"金三办"技术组组长。长时间浸泡在"金税三期"系统里，让他对税收业务变革和技术创新有了更深的领悟。

2014年3月，总局在广东南海启动"金税三期"工程全面优化工作，黄世能担任应用管控组组长和关键技术组组长。当时，优化工作面临诸多困难：时间紧、任务重、工作急，前期试点问题多、各方信心不足、兵马疲惫。黄世能到南海数据中心后，讲理想、讲政治、讲团结、鼓干劲，让国地税和各大厂商各方人员拧成一股绳，快速达成共识，找到落实方法，打好了重构应用的基础。为提高团队执行力和战斗力，黄世能带头加班，"5+2、白+黑"的工作模式感染着每一位"金三人"。

队伍士气提高后，优化工作的困难又摆在面前。经过大量调研，黄世能大胆提出调整系统应用架构和服务体系架构的思路，得到上级采纳。此举大幅提高了"金税三期"系统的稳定性，用同事小康的话说："这节省了近千万的成本。"但全面采用服务化的想法遭到软件厂商强烈抵触，因为这无疑加大了开发方的工作量。黄世能站在方便纳税人的角度，据理力争："增加我们的工作量只是辛苦一时，但增加前台一线的工作量，给纳税人添加麻烦，我是寸步不让的。"经过多次协商，最终各方同意调整系统服务体系架构。该举措大大提高了"金税三期"工程对业务以及外部系统的兼容性和适应性，对后期各省的特色业务顺利上线具有重大意义。

优化开发工作基本完成后，黄世能和他的伙伴们马上转入试点上线工作。本地软件接入改造、数据迁移、环境保障、单轨切换等各项任务涉及海量数据，任务异常艰巨。黄世能坦言："单轨切换比较辛苦，工作量大，每天都要工作到深夜两三点。"系统上线前，他们坚持工作一个月不休息，绷紧神经做好每道"工序"，一丝不苟地完善每个细节。

在数据迁移进入最后投放的紧张时刻，黄世能和迁移组的同事连续两天通宵达旦进行数据转换迁移，高度紧绷的神经有点疲惫了。他忽然想起当天是同事潘振星的生日，便悄悄跑到市区买了个生日蛋糕。就在迁移组的临时办公室，举办了一个小型的生日会，微弱的烛光驱散了大家的紧张和疲惫。大家吃完蛋糕，又继续在会议桌上讨论起迁移工作来。

在他的推动下，优化组仅用6个月时间便顺利完成整个系统的应用优化开发，仅3个月就成功在广东地税上线"金税三期"优化版。在这场赶速度、求质量的战斗里，黄世能全年没有一个完整的节假日，白发也争先恐后地冒出来。然而，在他心里，这就是茶的美，美在一个忘我的世界里。

"金税三期"优化版在广东上线后，黄世能又要马不停蹄地参与"金三"在全国的推广工作，亲自带领队伍现场支持西藏、海南、安徽、青岛等地的"金三"单轨上线。过了几天，他又要飞到大连开展推广工作，真可谓名副其实的"空中飞人"。

在繁重的工作中，他坚持学习，利用边角料时间每天背100多个英语单词，最长连续两百多天在微信朋友圈打卡，"吓坏"了身边的"小伙伴"。

在工作和学习上的全身心付出虽得到家人的无私支持，但他觉得愧对家人。忙于"金税三期"系统工作期间，爱人也要经常出差，他只好把女儿带到南海数据中心，让她独自在房间里玩，忙到晚上十点才想起自己和女儿都没吃饭，便打包点东西回去陪女儿吃。在"金税三期"优化版上线的重要关头，他的父亲患病进入ICU，他都无法抽出时间陪在病床前……

身边的同事这样评价黄世能：他对待工作十分严肃，也是个有人情味的人，很关心大家的工作生活，常会问家里老人的情况，凡是他能帮得上忙的事，他都会主动帮忙。

黄世能的生活十分简单，不抽烟不喝酒，思考工作时喜欢静静地泡茶。茶，正如他所经历的"金税三期"项目，先是攻坚克难时的涩，继而是成功上线时的甘，再到他内心沉淀后的醇。他就像一泡茶，越到后面，越淡然，越沉稳。

茶道是茶至心之路，同时也是心至茶之路。黄世能正是在用心泡着"金税三期"这道茶……

（阳江市地税局　陈明选）

红颜不老，奋斗者永远是年轻

从2003年"大集中"系统组建到如今"金税三期"系统上线，桃园都有她紧张忙碌的身影。不同的是，10年前，个子瘦小的她被众人唤作"小颜"；10年后，她已是大家口中的"红姐"。

万绿丛中一点红

大家说"金税三期"系统上线工作苦，苦就苦在长期超负荷工作及远离家人亲朋的孤寂。对于已婚女性而言，尤其如此。她们除需要承受超强度的工作外，还需要默默忍受远离家庭的牵挂。但作为全国较早一批参与"金税三期"系统开发的成员之一，红姐从不抱怨，而是一心扑在工作上默默奉献，是一位泥土般朴实无华的优秀女性。

她是抽调人员中的"珍稀动物"。2012年4月，省局"金三办"第一批抽调人员8人，被大家尊称为"老三"。由于稽查法制业务的独立性和专业性，她是"老三"里唯一一名来自稽查系列的人员。没有搭档和AB角，她必须一个人扛起稽查法制域的所有相关工作。2013年3月，省局"金三办"派出核心骨干赴山西太原参加"金税三期"上线关键工作集中辅导培训。当大家在会议室坐下来一瞧，发现红姐是广东地税上线核心团队全部22人中的唯一女性；介绍工作岗位时，又是唯一一位来自稽查岗的人员，被众人戏称为"万绿丛中一点红"。

虽然是女性，但她始终保持平常心，专注工作，从不要求特殊照顾，将"巾帼不让须眉"的精神风貌演绎得淋漓尽致。2012年4月，她和其他"老三"们到位后第二天，就匆匆飞赴北京，参加总局组织的"金税三期"系统实验室环境联调测试工作。在北京的近一个月中，加班加点已成为家常便饭。除在"五一"休息了1天外，她和同事们连续奋战，在他们的努力下，紧凑、繁重的培训和测试工作任务圆满完成，受到了总局的肯定和表彰。

不待扬鞭自奋蹄

大家说"金税三期"系统上线工作难，难就难在没有任何样板和参照。红姐和她的小伙伴们没有"等靠要"，硬是凭着一股闯劲和自觉性探出了一条路，撑起了一片天。

红姐本身工作能力很强。熟悉稽查工作的人常说，审理岗的业务能力要求是最高的。从1999年在稽查部门工作开始，红姐基本都是在审理岗位，或是外借搞"大集中"系统和"金税三期"系统。过硬的稽查业务知识储备与"大集中"系统建设参与经历，为她干好"金税三期"系统稽查领域工作奠定了坚实基础。

她是一个经常与时间赛跑的人，就像一颗不停旋转的陀螺。在"金三办"里随处可见她忙碌的身影。为争取时间，提高效率，当天能做完的事绝不拖到第二天。2013年7月的一个周六，红姐正在桃园吃午饭。手机忽然响了，领导紧急通知红姐，由于在成都出差的稽查同事患急病住院，要她立刻过去接手相关工作。对于领导的临时"加活儿"，她没有半刻迟疑，吃完饭后立即一路飞奔去广州搭飞机，等辗转到达成都住宿地方时已是周日凌晨1点多。在成都的几天里，白天她开展稽查域业务的基础工作，晚上加班加点编写"金税三期"系统稽查域教材，保证教材顺利交付。同时她还抽出宝贵的休息时间看望住院的同事。

她工作起来就像自带一台发动机。2013年6月，她和两名同事被省局"金三办"派驻北京值班时，由于是省局"金三办"第一批驻京轮值人员，各项体制机制尚未建立健全，加之"金税三期"系统上线前的工作非常琐碎，工作起来更需要自觉性和自主性。她和同事们作为广东地税的代表，全程参与总局"金三办"的各种业务、技术会议。除了周一到周五全天上班，晚上经常开会外，周末也忙不停。在那段日子里，总局"金税三期"培训中心的大门她只跨出去过三次，其中两次还是因为身体承受不了负荷，生了病而去买药。

一枝一叶总关情

大家说"金税三期"系统重要，关键在于它与税收工作的方方面面都息息相关，可谓牵一发动全身。

红姐很关注"金三"工作。她一丝不苟地研究系统的各个细节，频繁与总局"金三办"业务组、软件厂商开发人员联系，确保真正理解系统的需求和真实的实现情况。并在此基础上结合工作实际，提出多项合理需求。"稽查可向多个征收区局传输查补数据""稽查可以对没有做税费种认定业户的税费进行查补和入库""当稽查查补税款不为零，系统应支持稽查机关出具《税务处理决定书》"等优化需求，都得到总局的肯定和支持。

为了使大家更直观地了解"金税三期"系统，她利用自己熟悉"大集中"系统的有利条件，整理出"大集中"系统与"金税三期"系统稽查域在功能和操作上的主要差异，编写操作注意事项，使大家尽快适应新系统操作。

红姐还积极参加"金税三期"授课培训工作，乐于分享知识和工作心得。2013年7月，在省局"金三办"开设的"金税三期"师资培训班上，红姐不仅举一反三，讲述了"大集中"系统与"金税三期"系统的异同，还把深奥难懂、环环相扣的稽查法制域讲得深入浅出、清晰易懂。

由于广东地税的业务量既多又复杂，在总局主导编写"金税三期"系统需求过程中，如何把广东地税的业务差异性考虑进去，以便让"金税三期"系统能够更好地满足广东地税，她总是在不停地思考，书桌上、卧室里很快就摆满了大大小小的各类税收书籍。哪怕在结束抽调回到原单位后，她仍对"金税三期"系统怀着一份深情，密切关注工作进程。仅在2015年上半年，她就整理了5份高质量的"金税三期"系统上线情况报告，积极反映"金税三期"系统存在的问题及修改建议，呼吁继续修改和完善系统，确保每一个案件流转顺利、数据准确。

（广州市地税局稽查局　周　莉　唐孟玥）

有一种幸福是付出

"在这个波澜壮阔的时代，我们有幸能经历税务工作的信息化变革，能有这样一个机会去从事征管工作，去付出，去投入，应该说既是幸运的也是幸福的！"

"付出还可以当成幸福？"我有些不解。

作为一名老征管，我深知曾经在"金税三期"系统上线的日子里，他近乎无休，竭尽心血付出，无怨无悔奉献。其中不乏夜以继日的劳累、痛风折磨的坚持，为的是系统上线能顺利再顺利一点；在"房地产交易智能办税系统"优化升级的历程中，为的是纳税人办税能便利再便利一点；在"珠海国地税联合管理平台"的开发过程中，为的是征管效能通过平台提高再提高一点；其中有着许多不为人知的艰辛。

面对我充满疑惑的眼神，他轻笑道："那就是一种痛并快乐着的幸福吧！"

能者的历练担当

与龙创共过事的人，都说他能干肯干。他，1994年毕业于西南财经大学经济贸易专业，平时戴一副半框金属眼镜，温文尔雅如一介书生。他不是税务财会科班出身，刚入行时干的是计财和综合类事务，他也不是征管"一条线"，但他对税收业务就是有股钻研劲，在完成所负责的繁杂任务之余，没有中断自身学习。期间他曾克服困难，一举获得注册税务师资格。调任市局征管科副科长之后，分管业务工作，一干就是五年。期间，他以70后成熟稳重、脚踏实地的特质，以及思想开放、包容创新的胸怀，大力推动全市社会综合治税、税源专业化管理、重大项目管理、深化数据分析应用等多项征管工作。

多年征管经验的积累，让他成为珠海地税"金税三期"系统试点办团队的主要负责人之一。在接到任务之时，他心中只有一个信念："既然领导交办了任务，就要全力以赴，想尽办法做到最好！"

他重视团队建设。珠海地税"金三办"核心工作团队集中了70后、80后、90后老中青三代组合，年龄跨度近二十岁。作为团队带头人，他在年龄上是"元老"级，他经常开玩笑说："我们这儿是白头发和青春痘的组合！"

在他的推动下，珠海地税开通了"金税三期"分管领导联络群和全市"金税三期"业务支持群，及时部署、传达上线工作任务，互动跟踪解决测试问题，用"集智"快速化解疑难问题，形成7×24小时联通互动，反应迅速的"金税三期上线支持"移动办公系统，使大家对上线工作得以及时掌握，解决了大量基层操作类问题，实现了市局层面对运维问题的有效过滤、定位和分析，提高了"金税三期"运维效率。

恒者的坚持沉稳

无论面对多么复杂紧急的任务，他都有能量扛下压力，冷静应对。那水滴石穿般的坚持，将工作障碍一点点扫除的过程，是属于他的独享幸福。

近年来房地产市场持续火热，珠海市存量房交易涉税业务办理普遍受到长时间排队等候、提交资料烦琐等问题的困扰，纳税人因此怨声载道。在从2015年11月开始的长达两年半的"房地产交易智能办税系统"的开发过程中，他始终坚定把系统做好的信念，没有一天松弛懈怠。与龙创打过交道的人，都觉得他有一股持之以恒的韧劲。看似少言寡语，实则稳重内敛。始终坚持理性分析问题，寻求最佳解决方案，话虽不多，但关键之处，掷地有声。如今平均每宗房产交易涉税业务办理时间由以前约1小时缩短至10分钟，纳税人在办税服务厅办理存量房交易涉税业务"耗长时""排长队等候""人满为患"的时代一去不复返。

恒者行远，因为勇毅。记得"金税三期"单轨上线前的某晚，"老朋友"痛风又不期而至。眼看着脚一点点肿大，他痛在脚上，急在心里。翌日上午，只见他带着个海盐敷药包依旧来到办公室，向"金三办"工作组交代工作任务，并嘱咐同事们在他回家养病时也可以随时联系他，一脸"风萧萧兮易水寒，壮士一去兮不复返"的悲壮。接下来的几天，同事们依旧在试点办看到他一瘸一拐的身影。

思者的张弛有度

与龙创熟识的人，都知道他工作之余喜爱古琴。习琴四年，这个爱好已难以割舍。于他，最好的压力释放，最大的人生幸福，就是沏一壶清茶，端坐于琴前，伴着茶香，抚琴弹奏。在平稳舒缓和跌宕起伏的琴声中，缓解工作的疲惫，静养绷紧了一天的神经。

他抚琴、听琴，在悠悠琴声中汲取了前行的心灵动力，选择了通向豁达悠然的人生境界。他最爱中国十大古琴名曲中的《渔樵问答》："看飞泉挂壁空，登高山与绝岭。东望海水溶溶，笑一声天地外，身却在五云中。"诚如琴音意境，面对人生的得失取舍，面对工作的奔波劳碌，他都尽量做到坦然笑对，收获了人生中满满的幸福。

"营改增"全面推开后，国税和地税的税收征管内容和服务对象都发生了深刻变化。国税局面临征管服务对象变化和数量增长带来的压力，地税局缺少传统"以票控税"手段带来了管理瓶颈。为有效推动国地税征管协同、经验互鉴，2018年1月，他创新提出开发"珠海市国地税联合管理平台"的构想并得到积极响应。

"千淘万漉虽辛苦，吹尽狂沙始到金。"谈到目前旁人看来满负荷的工作状态，他没有一丝抱怨，只有浓浓的欣悦。看来，未来的日子，他还将伴随税务工作，继续前行！因为在他看来，有一种幸福，叫作付出。

（珠海市地税局　甘　霖）

岁月如歌　唱响年华

——"5+1"六税一体化控管平台开发团队的故事

有这么一群人，他们勇于担当，攻克难关；有这么一群人，他们戮力同心，砥砺前行。他们是一群相聚在初夏五月的地税人，围绕一个目标——"5+1"六税一体化控管平台的顺利上线，他们把奋斗的岁月安放在"5+1"，千斤重担一肩挑，在挑战和压力面前，讲奉献、讲团结、舍小家、顾大家，确保了"5+1"项目如期上线且顺利运转。

我们心中的太阳花

太阳花的花语是热情与活力，代表着一颗年轻的心，更象征着一种无私奉献、追求光明的品质。在"5+1"这个团队里，有着这样一位具备太阳花精神的人物，他就是核心需求编写组组长张德鑫。作为核心需求编写组的组长，在日常工作时，他把大部分的工作都揽在身上，把"5+1"办公室当成了第二个家。在业务讨论时，他经常将税收理论知识与实际业务紧密结合，用化繁为简、深入浅出的分析，用言简意赅的描述打开众人另一扇思维的大门。在项目攻坚时，他带领大家从税收政策、征管流程、风险管理等业务着手分析，逐步解决所有难题。在平台上线时，他站在所有人的背后，默默地看着大家欢呼，静静地享受着平台成功上线的喜悦。他就像是一朵向着朝阳的太阳花，从他身上散发出的光和热，温暖着每个人的心房。

身先士卒颂头雁

吴侠，这个名字，不禁让人联想到金庸笔下那些来无影去无踪的侠客，让人无法想象他究竟身怀多少"绝技"。他凭借多年的从税治税经验来到了这个团队，被委以数据采集应用组组长的重任。数据采集工作是项目建设前期重点工作，他日以继夜的工作，在短时间内编写了《数据库建库需求细化、对接与论证》需求，并结合我市内部数据与第三方数据的现状，编写了《"5+1"六税一体化控管平台数据采集工作方案》。作为一名"老税务"，相比对项目工作的重视，他对功名利禄又显得格外平淡，就像李白《侠客行》里面描述的："事了拂衣去，深藏身与名。"

岁寒有三友　傲骨显青松

"大雪压青松，青松挺且直。要知松高洁，待到雪化时。"每当想起陈毅元帅写的《青松》这首诗，总会不由得想起一个人，那就是"5+1"团队里的杨宏，一位像青松般屹立于税务系统18年的业务尖兵。杨宏负责的是最重要的"税源管理"模块，这个模块涉及税源的采集、清分与规范业务规则的编写，工作量大且复杂，加班加点成了他的家常便饭。面对时间紧、任务重的情况，他对每一条业务规则都进行了反复论证，直到确定一条最理想的业务规则才肯罢休。正是他对工作的那份负责与坚持，为整个项目顺利运转奠定了坚实的基础。他用行动践行着自己的人生追求，不忘初心，像青松一样坚忍不拔，顽强向上，四季常青。

巾帼税官不弱男

"5+1"项目团队里面有两位学识丰富的女税官。李晓璇，"5+1"文书综合组的组长，负责大量的文书工作。业务讨论记录、工作日志汇编、汇报材料收集、项目进度跟进和文书稿件审查，她把每一项工作都做得井井有条。每一篇经她手的文章，她都会认真细致地阅读数遍，生怕错过一个标点符号或是一个错别字。如果说李晓璇是项目团队的"贤内助"，那么另一位巾帼女税官就是项目团队的"消防员"，她叫张迎，是"5+1"项目团队的机动人员。每当大家为一个问题而眉头紧锁、焦头烂额的时候，她总能及时出现，急大家之所急，想大家之所想，就像救火急先锋，哪里需要她，她就去哪里。她还是个动静皆宜的人，时常在角落里静静地研究着她的"指标库"。每当找出问题症结的时候，她会呵呵地笑起来，招呼大家过去一同分享她的收获，此刻的她，从冷静专注的战士变身为欢呼雀跃的"开心果"，让整个团队气氛顿时活跃起来。

"生命只有用事业来支撑，才会真正精彩"，因为深谙其义，"5+1"队员们都充满热情地投入到项目开发中去。在"5+1"平台一期项目系统上线冲刺阶段，为了保质保量按时完成项目进度，队员们兢兢业业，加班加点，短短44天内完成了平台的搭建并通过了各项严格的测试。功夫不负有心人，团队的艰辛付出获得了回报，平台投入生产环境后运行平稳，成效显著，得到广东省税务局、汕头市委市政府领导的肯定。岁月如歌，"5+1"的精英们没有停下脚步，而是昂首阔步，迎接挑战，投入到"5+1"平台二期项目开发中去了。

（汕头市地税局）

"金三大神"，恰同学少年

在外界口口相传中，刘恋是省"金税三期"试点办的"大神"之一、广东地税的一张"亮丽名片"。在朝夕相处的同事眼中，他是勤奋踏实、阳光开朗、专业敬业的靠谱青年。伴随对他的熟悉程度不断加深，刘恋的形象在笔者心中不断变迁并愈发清晰。

初识刘恋　谦谦学者厚积薄发

初见刘恋，他是一位挎着双肩包、戴副黑框眼镜、穿着休闲球鞋的年轻80后，朝气勃勃、神采奕奕。

真正记住刘恋，却源于省"金三办"组织的一次系统知识普及培训班。作为省级兼职教师的刘恋甫一上课，其独特的开场白便牢牢地抓住大家的耳朵："今天我不是来告诉你们系统要怎么操作，而是来告诉你们这个系统现在是什么样子，以及它为什么是这个样子的。"只见课堂上的刘恋，对"金税三期"系统熟稔于心，税收政策信手拈来。培训室里座无虚席、气氛热烈。

在不少同事眼中，他处理各类棘手问题举重若轻。从差异分析、系统优化、测试验证、上线支持、业务规范到业务运维，他无不挥洒自如。这一切都离不开深厚的业务积累。苦练内功的他，不仅熟悉前台征收一线、税政管理和稽查法制等各项业务，还对总局有关规章制度以及业务办理的具体做法有深刻认识。从税十余年，稽查、法规、纳服、征管，每一处岗位他都认真负责，专业敬业。自2013年7月在河

165

南同"金税三期"系统第一次"亲密接触"后,他就被省"金税三期"系统试点办抽调过来,潜心钻研,对"金税三期"系统的建设、系统开发、数据迁移以及初始化业务思路也越发有了深刻的认识,在同龄人中很快就脱颖而出。

"要踏实、严谨,绝不能当'二道贩子'",这是他对自己的一贯要求。组员吴玲玲记得,2015年4月审核《"金三"系统常见问题集》时,刘恋忽然提到前天总局刚发了补丁,可能会对之前审核过的某个问题的操作方法有影响。众人一时不能确定,他果断暂停审核,翻查通知公告,并进入预生产环境进行功能测试验证,掌握系统最新版本的变化,确保了问题集的权威性。"问题集是要发到全省各地的,如果省局层面把关不严,漏了一个问题,下发到全省各地,就可能就引发上百问题,一定要谨慎。"他解释道。

就是这样,一步步踏实走来的沉稳和严谨,让他一路成长,厚积薄发,很快就从"金税三期"系统的"门外汉"变成"金三通",从业务骨干变成"金税三期"系统的"大神",并逐步成长为省"金税三期"系统办中新生代税务干部的代表人物之一。

再识刘恋 青年组长勇于担当

跟刘恋渐渐熟悉后,笔者发现他身上还有一种广东地税特有的勤奋务实和勇于担当精神。

对于工作,他毫不含糊。对于"金税三期"系统,他已把它作为自己工作中很重要的一部分,关键时刻敢于迎难而上,一肩挑起。2014年9月,刚担任测试组组长的他接到一项棘手任务:两周内必须完成"金税三期"核心系统新版本的全面验证测试。测试结果将直接影响"金税三期"系统的双轨试运行部署策略以及推进进度。没有讨价还价,在人手、场地、设备均不足的情况下,刘恋迅速与多方开展组织协调,在极短时间内就组建了一支临时测试团队,并就近借来设备,争分夺秒地开展测试。为了抢进度,经常忙到晚上12点依然斗志不减,累到嗓音沙哑的他仍不停地与同事们分析交流。两周后,"金税三期"核心系统用例测试工作顺利完成,梳理出系统问题400多个,促成功能优化300余项,并形成了准确翔实的系统测试报告,为下一步双轨试运行部署策略提供了重要决策依据。

他先后担任过省"金税三期"试点办业务差异及优化组、测试组、税政法制组、业务协调组等业务组负责人。与不同岗位相伴随的,是一个个接踵而至的挑战,但在他和团队"5+2""白加黑"的努力下,都被一一攻克,并取得一项项成果。以广东特色业务以及特殊事项为例证,以系统测试反馈及实地考察结果为依据，在确定"金税三期"系统优化版"标配+选配"业务实现模式等重要决策时，有他的一份贡献；在"金税三期"系统重大业务差异分析、业务测试、业务规程、常见问题集、纳税人涉税业务表单、涉税指南等多份业务性指引文档的形成，留下了他的深深印记。

除了日常工作外，乐于助人的他承担了众多的咨询解答工作，被同事笑称是试点办里的"12366"。一名税政法制组组员回忆道："刘老师的手机简直就是热线电话，只要听到《Let it go》的铃声响起，就知道他又在忙着沟通和解答'金三'问题。"他的"三尺讲台"从来不受时间和空间的限制。哪怕远在西藏拉萨、昌都等地需要支援，刘老师也总是微笑着用电话和微信及时解答各类问题。

也正是在众多同他一样的"金三"人的辛勤努力下，"金税三期"系统优化版才能顺利在广东地税成功上线。

三识刘恋　桃蕊芬芳青春飞扬

在认识刘恋几个月后，笔者发现他还是一位浑身散发着正能量、对生活热忱的人。

他擅于引导新人、带领队伍。"每次有新人加入业务组，他都会先介绍业务组目前情况和现阶段主要任务，然后询问我们对哪些业务比较感兴趣，有哪些专长，再根据兴趣和特长安排工作，非常尊重我们自己的意愿，他是真心对组员好，让人心扉一下子就敞开了。"一名同事回忆道，"当他对某个同事比较熟悉之后，他也会给我们提供一些职业发展的建议，鼓励我们进行不同的尝试。"因此，刘恋所在组的同事间的关系都很融洽，工作上的配合和支持都比较顺畅，甚至有的组员动情地说："刘老师去哪，我也愿意去哪。"

站在32岁人生节点，刘恋已在地税系统扎根十余年，陪伴"金税三期"系统走过600多个日日夜夜，依然不减的是这份激情活力。工作中，他是很多业务领域中当仁不让的权威：全国企业所得税专项人才库、省局纳服岗位能手，他多次获得总局和省局的表扬、肯定。生活上，他也不乏乐趣，把工作与生活平衡得恰到好处。"他经常连续加班，对自我要求很严，把税收当作一生的事业，但踢足球、看电影、吃美食也一件都没落下。"

"既有前程可奔赴，也有岁月可回头。"他的活法，也许正是大部分年轻人想要的样子。

（佛山市顺德区地税局陈村分局　朱晓珠）

税务人的"守诺"与"失诺"

和省局"金三办"所有人一样，邝泽伟是个大忙人，作为省局"金三办"数据迁移组组长，每天等着他的工作堆积如山，打进办公室里的电话声络绎不绝。由于长期坚持锻炼，充沛的精力让他处理繁重工作如履平地，强烈的求知欲则让他钻研业务孜孜不倦。此外，他有一些自己独特的标签：邝总、诗人、环保者。

这是个极有个性的人。于他而言，一旦认准的事，一定会笃定坚持，想办法实现，无论是"金税三期"系统工作，还是家庭生活。这可以理解为倔强——邝泽伟是个很"倔"的人。

守诺，之于工作

邝泽伟是南国桃园里众多"老抽"中的一位，从佛山市局的3.0系统、省局的大集中系统，到现在总局的"金税三期"系统，他都参与了其中的开发与运维。这一系列"漫长"的系统开发工作，让他从15年前的一名乳臭未干的大学生，磨炼成如今能够独当一面的专业性技术人才。这恰如他刚参加地税工作时所愿。

在省局"金三办"期间，邝泽伟起到了"老将"传帮带的作用。只要同事有问题找他，不管是谁，不管是不是他直接负责的事情，他都会认真地解答，即使他无法解决，他也会同相关人员进行沟通，以便让问题得到尽快解决。正因为事事热心、酷爱钻研，南国桃园里的人们都喜欢亲切地唤他"邝总"。

邝泽伟身上有股"钻牛角尖"的韧劲，也有人笑言，他"脸皮太厚"，常会为掌握新技能黏着别人转。这股劲头，无言中感染了他的组员。"金税三期"系统上线前，连续多个深夜，邝泽伟总是黏着系统不肯罢休。数据迁移组的同事们则黏着他，赶都赶不跑。通常会为了新产生的系统问题翻阅大量资料，争论得面红耳赤。好不容易寻找到最优解决方案，邝泽伟便会即兴作诗一首作为乐子，然后把组员们都赶回宿舍休息，自己则继续"扫尾"和总结。邝泽伟的精力旺盛，在南国桃园是出了名的。他每次工作到凌晨两三点，翌日依是神采飞扬地出现在办公室里，身上似乎总有使不完的劲儿。

在接连几周连续加班后，省局"金三办"决定实行"单双周"周末休假制。邝泽伟利用难得的假期带着组员在佛山转了一圈后，居然惯性地转回了数据楼下。为此，他写了首《"金三"之加班》的打油诗，诗曰："自从去年搞'金三'，几乎每天都加班。偶尔半夜乐惊醒，梦见系统已做完！"

邝泽伟曾经感慨："人的潜力是无限大的，我就是想要利用自己有限的年轻的资本投身于工作。"邝泽伟每天的生活都像是在跟时间赛跑，跟青春赛跑，不停地挤压自己的休息时间，只是为了把更多的时间投入到他热爱的工作中。

怀抱初心，这份热忱与初进地税局时相比不曾减弱丝毫，甚至是与日俱增；称之为"一根筋"，因为他的工作目的很纯粹，简单到他只知道心无旁骛地做好这个系统，而不会考虑工作之外的事。在邝泽伟眼里，工作的意义不全是为了谋生，他是从骨子里热爱这份工作，才会用自己的艰辛和汗水，信守着对税务事业的承诺。

正是凭着那种常人难以企及的干劲与热情，也正是他十余年如一日为税收工作的不懈努力，2014年邝泽伟入选"国家税务总局专业人才库"。

信诺，之于生活

采访中，不止一个人说，邝泽伟的工作是纯粹的，这个人也是简单而有信。他的纯粹表现在于他对待世界的率真，对待工作和生活的态度。他可以为了一件公益事件奔走呼吁，也可以为了做好一件工作通宵达旦，更可以为了帮助一个人出钱出力。

从他身上，看不到一个15年老税务干部的沧桑，更多的是感受到他的幽默和阳光，以及广博的知识与质朴的思想。他说自己出身于农民家庭，喜欢过简单自然的生活。也许受父辈的影响，邝泽伟有着一股浓郁的源于大地泥土般的憨厚和踏实的气息，总给身边人带来帮助和温暖。

说起邝泽伟，在同事们的印象中他总是笑呵呵。"充满正能量，永远记着对自己、对大家、对生活的承诺，让别人时刻感受到他的温暖。"邝泽伟总是用他的乐观感染着他周围的人，不管遇到挫折还是失败，他都是微笑着面对。

因为"金税三期"系统上线工作，他被省局"金三办"抽调近两年，而同时佛山市局也因为此项工作被省局"金三办"抽调多人，使得人员短缺。他要同时兼顾省"金三办"和佛山市局的工作，有时候忙起来难免分身乏术，顾此失彼。为此他也曾感到无力和失落，但为了坚守自己对工作和生活的诺言，他很快就调整好自己的状态，又精神抖擞地投入到工作中。

失诺，之于家人

邝泽伟的家与南国桃园相距25公里，半小时车程，无论工作到多晚，他都一定会赶回家，因为家里有妻子和儿子，无论多累也要回去。

在采访邝泽伟时，我问他："家人对你长年累月的加班工作是否支持？"邝泽伟说："我的老婆也是税务系统的，她知道全省要上'金税三期'系统工作肯定很忙，但她不是很理解为何上一个系统要连续两年长期加班。孩子现在上小学，是形成良好习惯的重要时期，而我却没能在这关键的时候陪伴他成长。"邝泽伟无奈地叹了口气，工作占用了太多本该陪伴家人的时间，家里的重担都压在了妻子单薄的肩上，答应孩子的事情也时常因为突发的工作安排而未能做到，孩子总责怪他不守承诺。有一次，邝泽伟答应周末陪儿子去骑自行车，但因为临时有紧急任务，取消休假回去加班，儿子为此足足几天都没搭理他。

他说："晚上没时间陪儿子，所以无论工作到多晚我都尽量回家，为的是早上可以送儿子上学，能在很短的一段路上跟他聊聊天，对我来说是最幸福的事，每次到校门口小家伙都舍不得进去，嫌上学这段路太短了。"

面对工作和生活的双重压力，邝泽伟还是选择了侧重工作，却深感愧疚了父母妻儿。"金税三期"系统上线的忙碌是一时的，而家人是一辈子的，等他把工作都做好了，他一定用尽一己之力让他们过上幸福的生活，好好补偿对家人的亏欠。

天见其明，地见其光，君子贵其全也。

（东莞市地税局莞城税务分局　祝桂兰；梅州市丰顺县地税局　张云涛）

技术宅男的1和0

"温恭自虚，性情真挚，责任心强，技术出色。"——在南国桃园里，不止一个人这么评价冯崴。

但他自己却不认同这种说法，别人只看到他的"用户界面"，没留意到他的"源代码"——那是另一个版本的他。"我是个矛盾集合体，不停地跟内心博弈，跟合作方博弈，甚至跟生活博弈。"言谈间，他从容淡定地用"博弈"一词，概括了自己19年地税工作生涯。

程序员的世界是极其纯粹的，只有1和0，黑和白；程序员的世界又是极其复杂的，通过1和0又能构建另一个丰富多彩的宇宙。二进制中的1和0，相容相斥，相生相克，这也是一位程序员所面临的理想和现实的矛盾写照。

"慢性病人"

2015年1月22日晚，国足争夺亚洲杯八强，很多球迷收看了现场直播。热爱足球的冯崴，却是在办公室对着满屏代码，熬到深夜两点才回家。"赢了还是输了？"上车前，他特意问了身边的同事。

这个时间点下班是家常便饭，看一场足球赛实在是奢侈。他也很想和同事们挤在窄小的电脑屏幕前，或抱着女儿窝在沙发里看直播，但也只是想想而已。

1月30日上午，我打电话约访他。他说今天请假了，明天回来。他的同事却告诉我冯崴病了，慢性胃炎，他若忍受得住，肯定是后天才去医院的。后天是2月1日，星期天，有一天假期。

第二天下午，他从省局开会回来，带着一大袋饼干。两台电脑旁，放着两包番茄味苏打饼干和一壶水，他随手抛了一包给隔壁的冯减。穿着牛仔衫和牛仔裤的冯崴，给人第一感觉像刚毕业的理工科大学生，但42岁却已是早生华发。见我到来，笑眯眯地指着饼干说："一块吃吧。"

他是去年得知自己患上胃病的，刚好是抽调"金三办"工作不久。"金三办"是一台日夜运转的大机器，每个人都是一个零部件，并非说缺谁不可。冯崴却认为，以后有的是机会治疗，经历"金税三期"系统上线一生却只有一次。参与过广东地税三个系统设计的他，这次同样不想错过。因此，去医院看病的想法一拖再拖，最后痛得撑不住，才请了一天假。看完病，在家稍微休息了一会，又跑回桃园。妻子得知此事，心疼得说不出话来。

"不是我多高尚，只是我很喜欢这项工作，这让我沉溺其中。"他漫不经心说出的一句话，像块石头扔进我心底，荡起层层涟漪。这种话，我也跟别人说过。我们加班加点，真不图什么，只是自己喜欢而已。

"因为爱。"我打趣道，"我们都是'慢性病人'啊。"

当工作和爱好结合，便会吞噬一个人所有的精力和时间。可是，明知这是一种"病"，明知可以过上一种安逸的生活，却依然执迷不悟，放弃"治疗"。

技术宅男

眼前的冯崴，戴着眼镜，文质彬彬，笑容像阳光般温暖灿烂，掩不住一股浓浓的IT男的气质。

1996年进入佛山地税到今天，一直都在信息科工作，从没想换个部门尝试下。"我喜欢信息技术，这份工作让我充满了成就感。"他边说着，啃掉一块饼干，又慢悠悠地喝一口白开水，似乎颇享受这种简单而纯粹的人生。尽管有的大学同学已官至副厅，有的是企业CEO，再不济的收入也比他高，但谈起这些，他却云淡风轻。

在一个部门连续待了19年，期间无数次被省局抽调做项目，目前依然是副科长，但他却喜欢这种感觉。别人评论他说："冯崴的工作有两个稳定，一个是工作岗位稳定，自始至终都在一个部门，另一个是工作状态稳定，永远都像打了鸡血般亢奋，从来没有起伏。"

问起他工作最大的乐趣是什么，他不假思索地回答："码代码。"他所用的"码"字，让我突然有种想笑的冲动。这家伙不像是工作了19年的中年人，而像是一个刚迈出校园且崇拜乔布斯的少年，单纯而直接。

"码代码"算爱好的话，那在南海信息中心"码代码"可不是好玩的。输错了一个数值，就会影响到数百万纳税人正常缴税，工作压力之大可想而知。所幸的是，在大集中的经验和基础上，这次"金税三期"系统优化版上线没出现什么大问题，他又可以哼着小调快乐地"码"着代码。

大集中上线和"金税三期"系统上线相隔十年。互联网时代的黄金十年，世界翻天覆地地变化着，而他对代码的感情一点都没变。有人诟病他十年来连头发都白了，待遇和内心却都变化不大。他却说，在一串串代码里和世界对话，能为地税人减轻工作负担、为纳税人提供便利，已经够了。

真情朋友

2014年3月的一个晚上，"金三办"的同事们踢了场足球。暂时忘了系统和代码，畅快淋漓地射了几次门后，冯崴浑身大汗地躺在草坪上，望着球场上方耀眼的大灯，突然觉得自己很幸福，有一群来自全国各地的朋友陪他踢球。

现在他的生活里除了工作，就是陪伴家人，近几年都没参加同学朋友的聚会。"我的朋友都在信息中心，都在做'金三'。"他说这话时很平静，但分明带着遗憾的语气。

在南国桃园里，一有时间就组织总局、国地税和软件公司的人踢一场球，是冯崴认为除了"码代码"外的另一件有趣之事。他所在数据组的同事都说，这个人很够意思，除了组织大伙踢球外，还会挖掘当地特色美食，有机会就带大伙去撮一顿。在他们眼中，冯崴是一个沟通能力强、也很会照顾别人生活的人。

有次需要周末加班。周五下午下班后，技术组的年轻人像放飞的小鸟般离开南海，冯崴却继续在办公室里"打坐"。等到周一上班，组员们才知道，原来他为了让组员可以安心地休息，自己做完了小组需要做的工作。大家对此十分内疚，冯崴安慰他们说："我家就在佛山，你们可不同了，难得周末可以回一趟家嘛。"

有时候，标准程序员也是一个感性之人。2015年1月，"金税三期"系统单轨运行不久，出现个小问题，软件公司经过多次测试都找不到症结所在，技术组全体人员连夜加班深度测试。经过漫长的反复测试，深夜的数据楼突然传来一阵惊呼声，同事们转过头来发现冯崴正在手舞足蹈，原来他在海量数据中发现了影响系统运行的空值。那晚最令人印象深刻的，不是解决了一个难题，而是一向淡定的他居然有如此不淡定的一面。

(阳江市地税局办公室　陈明选)

澄澈之心，如风如水

——佛山市地税局征管科团队二三事

初识篇·似雾

进入佛山地税局征管科，缘起于邝泽伟副科长的一个电话："你对征管工作有兴趣吗？想从事更具挑战性的数据管税工作吗？来征管科吧，这里可以让你学到更多。"就这样，我这个懵懵懂懂的"税务小鲜肉"，有幸加入到了征管科这个大家庭。

如果要用一个字描述征管科工作状态的话，那一定是"忙"。一方面要不断地优化业务流程，确保全市税收征收管理工作规范、畅顺运行；另一方面还要适应新形势的需要，不断进行各种征管改革探索，工作量之大可想而知。数据驱动、分类分级管理、电子办税等潮流热词，代表了税收发展的前进方向，孕育着无限可能的未来，也昭示着这个团队无穷无尽的生命力。

工作篇·如风

"讨论下股权变更事后管理任务，业务规则都做进任务管理平台了吗？"

"有啊，税务机关核定转让价格要参考评估价格，有预警校验，计算公式都有了。"

"还要增加规则，如果企业名下的房屋资产占企业总资产超过20%还要求提供评估机构的评估报告。"

"对，还要看工商数据，做两个任务，一个是工商已变更，地税未做股权变更；另一个是地税已变更，但个人所得税没有申报的。"

"这两个任务都在编写需求啦，数据组那边已经将工商、不动产和国土作为第一期匹配单位，做好了与工商数据的匹配工作，疑点数据刚刚出来，待会我们再一起校验下。"

"匹配不上的数据怎么办？"

"现在除了系统自动匹配外，其他对不上的，就触发数据管理任务，让基层分局去核实。我们若发现外部门数据的问题，也会逐项反馈给外部门的……"

以上是前期征管科团队牵头组织开展数据驱动分类分级管理模式改革中的一个小片段，大家正对其中一个事后管理任务进行讨论。280个管理类任务，每个任务都有独立的业务流程、审查要点和办理期限等规则，这些规则就是这样在讨论声中诞生，并固化于任务管理平台中。

征管科内部分设不同的组别，以分工不分家为原则，政策组从业务方面发现问题，数据组从数据角度验证问题，风险组从核查中不断论证问题，大家通力合作，在辩论中得真知，这中间有的是探讨问题的激情，是用逻辑互相"碾压"的争论，更是对建设税收管理现代化理想的信仰。

这里的工作烦杂而有序，只要是对提升税收管理质效有利的，确定好一个目标，制订好一个计划，就可以撸起袖子加油干。这就是佛山地税征管科的日常工作节奏，如风一般自由执着。

人物篇 · 若浪花

征管科科长：甘文华

多年前离开征管科到基层区局党组任职，2016年又重新回归征管科的甘文华科长，可谓名副其实的"老征管"了。多年的征管工作经验，加之长期的基层管理锤炼，使得他总能将上级的决策部署与基层的工作需要有机结合，面对管理模式改革等新任务、新挑战，他大刀阔斧、迎难而上、沉着应对，推动了佛山地税征管工作不断取得新的突破。

精益求精的工作精神和雷厉风行的工作作风，是甘文华科长对待工作的最大特点。他极有时间观念，每次下达工作任务都会配备好任务时间表，务必使所有人都清晰自己的任务分工、踩准时间节点，确保工作能按计划顺利推进。每逢有重大工作或者突击性任务，他总是亲力亲为，带头加班加点，工作没有取得满意的效果决不收兵。每次夜以继日地加班，第二天一早他又能准时"元气满满"地出现在办公室，他总是用这种忘我的工作激情潜移默化地影响着整个团队。

数据分析应用中心成员：林春燕

春燕同志在征管科负责数据管理方面的工作，初识她时，她已怀上了小宝宝，但她一工作起来就是全情投入的状态，常常让我忘了她是个需要照顾的准妈妈。

她普通的外表下有着自强不息的志气。在怀孕期间她也照样撑起了全市数据质量问题清理工作，主持集中办公，全力监控数据质量问题处理情况。发现有进度稍慢的情况，她便逐个联系区局相关负责人，深入了解和解决基层困难。临产前，她仍在微信上跟进当季数据质量问题，确保了该项工作的顺利完成。另外，她还利用周末假期读完了在职研究生课程。她很满足这样的状态，既充实又踏实。

在征管战线还有很多这样默默奉献、全情投入的工作者。在税收信息化的长河里，他们甘做那一朵朵浪花，用那股倔劲推进了改革。可敬的是其责任感，可爱的是其澄澈之心。

这就是关于佛山市局征管科团队的故事。征管工作的每一小步都是全新的探索，而其成果则是时代的号召，是集体的智慧，是践行者的"衣带渐宽终不悔，为伊消得人憔悴"。

（佛山市地税局　严清霞）

工矿精神，闪耀征程

在韶关地税，有这么一位生于斯长于斯的税务干部，多年来秉承着韶关工矿精神，多次参加重大征管系统升级上线工作，带领团队攻克一个又一个难关，两次荣立"三等功"，在地税事业改革发展的砥砺征程中贡献了自己的力量。他就是南雄市地税局党组成员、总经济师卢刚。

艰苦奋斗，衣带渐宽终不悔

深夜11点的南海数据中心依然灯火通明，时任"金税三期"系统数据迁移组副组长的卢刚是其中最忙碌的一个，"卢老师，你看这批数据怎么迁移不了？""卢老师，这个转换规则要怎么写啊？""卢老师，这些代码怎么匹配不上？"……卢刚总能及时帮助大家解决问题。在这段时期里，因为没有得到充足的休息，加上饮食不正常，卢刚的胆囊炎多次复发，他总是以"艰苦奋斗"的"工矿精神"激励自己，坚持"轻伤不下火线"，确保顺利完成省局大集中系统数据向"金税三期"系统摆渡库迁移的任务。

同为数据迁移组成员的小梁告诉笔者：有一次也是将近夜晚11点的时候，我有个技术问题要请教卢老师。我看见卢老师弓着背站立着，一只手紧握着拳头顶住腹部，几乎要将整个拳头深入到五脏六腑之中。在给我讲解的时候，他不像往常那样快言快语，而是有些吐字不清，像是咬紧着牙关。一阵风吹来，我手背一阵发凉，不知何时手背差不多全湿了。我才注意到卢老师的脸上全是汗水。我知道他已经连续工作了十几个小时，想让他休息一下，可是他坚决不肯，硬是坚持指导我完成技术难题。之后我才知道他胆囊炎复发了，打完点滴已是凌晨1点多钟，他却依然坚持正常上班。

凭着这股毅力和扎实的业务能力，卢刚带领组内同志完成了90余项迁移规则、3 000余个代码比对以及3次全量数据迁移质量检验，促成了广东省"金税三期"系统优化版的诞生，为全省"金税三期"上线做出了卓越的贡献，荣立省局个人三等功，奠定了他在"金税三期"系统操作中的大师级地位。

甘于奉献，却道无情似有情

结束了省局上线工作，卢刚又马不停蹄地奔赴韶关市局"金税三期上线办"。他的家离办公地点只有3公里，为了更好地讨论问题，尽快解决"金税三期"系统上线的问题，他和同事一起吃住在市局招待所，短短的3公里他却没有回过几次家。每晚研究分析问题至深夜，次日6点开始撰写问题报告单，在双轨运行期间连续多日占据省局问题报告单的第一号。

他把工作放在了首位，为了工作舍弃了陪伴家人的时间，这也是他觉得最愧对家人的地方。"女儿的电话总是击中我内心的脆弱处，面对孩子，我完全没有了工作上的雷厉风行。"卢刚告诉笔者，"对于家庭，我付出的实在太少，和女儿待在一起是那么的短暂而快乐，又是那么的奢侈而难得。曾经我也犹豫过，这样为了工作到底值不值得？也曾经否决过自己的做法，下决心在周末放下工作，一心一意陪伴家人。但是这种短暂的犹豫和决心总会被一个漏洞、一个数据、一个电话打破，我还是会毅然选择从家人身边离开，不是心狠，而是一种被称作'使命感'的东西深入脑髓中。"

参加地税工作以来，卢刚一直战斗在征管改革的最前线，从3.0系统、大集中系统、两业系统、税源管理系统、社保征管系统、"金税三期"系统到数据应用平台的建设，他都参与其中，最难最复杂的工作都是他在解决，一年有一半的时间都是深夜回家。省市局抽调的几年间，回家的机会更是寥寥。更多的时候，甚至连接女儿的电话都是哄好女儿便匆匆挂掉。他知道，家人需要他，可是工作更需要他，在这道艰难的选择题面前，他选择了后者。

参加地税工作十五年，可以说卢刚的工作经历正是一段浓缩的地税征管改革砥砺征程。"我将会用'工矿精神'激励自己，不断追求卓越，为税收事业奉献此生。"卢刚立下了此生志向。

（韶关南雄市地税局　程　彬）

信息科的CPA

洪启达，1988年出生，华南理工大学软件工程本科学历（工学学士），现任职于梅州市地税局信息科。2016年，听到启达通过CPA（注册会计师）考试，许多人觉得不可思议，信息技术背景的年轻人，长时间在信息技术岗位工作，居然成功挑战让许多财会人员都望而生畏的注会证书。

启达在地税工作7年了，从基层分局到县局办公室，再到市局信息科，继而抽调到广东省税务局、国家税务总局"金税三期项目组"，先后从事了税费征收、办公室资料员、信息科技术人员、"金税三期"项目组成员等工作，多个工作岗位的锻炼，一步一个脚印，积累了丰富的税收、文字、技术等工作经验。在信息科工作期间，他还身兼数职：技术运维、软件开发、机房管理、网络管理、文字材料撰写等。

一、克服家庭困难，"金税三期"专项工作表现优秀

2013年11月至2014年12月，启达在省局"金税三期"项目组工作，由于工作期间表现优秀，他被总局二次抽调参加"金税三期"系统全面优化工作。他身兼数职，既要做好总局安排的"金税三期"系统关键技术研究、全面优化等技术工作，还要同时兼顾总局项目组在南海的后勤保障联络工作，工作量可想而知。

在项目组期间，他常处于"6+12"的状态。每周只休1天，工作从早上9点到晚上9点，有时12点也是常事。在这段时间里，他家里的事情也不少，母亲腰椎间

盘凸出疼得下不了床，老岳父患了绝症……他始终以大局为重，克服困难，高标准完成领导分配的"金税三期"系统全面优化和上线准备工作。为解决"金税三期"系统容易宕机、响应缓慢等问题，他撰写了《关于金税三期系统服务总线的评估报告》，为总局对"金税三期"系统的服务总线选型决策提供了参考。

二、自主开发信息管税系统，推进数据管税

启达在处理"金税三期"系统运维时，经常接到其他科室提交的后台定制查询请求，不少查询口径相似且需多次重复查询以检验工作进度。为在业务和技术间搭建一座桥梁，同时解决目前数据分析工作中过于依赖软件开发公司，用户需求响应慢以及存在数据泄漏风险等众多问题，2016年，他主动向领导请缨，自主开发一套面向税务人员的"信息管税辅助系统"。目前，该系统已上线上百个查询功能，在提高工作效率、规范征管执法、挖掘税源方面发挥了积极的作用，用户反响良好，每天访问量均超过一千人次，峰值超过三千人次。当年，借力该系统仅通过比对房地产公司的国税增值税和地税预缴土地增值税，就发现多家房地产公司未按期足额申报土地增值税（预征）的涉税线索，为近1亿元的地方税费及时足额入库做出了重大贡献。

三、艰苦奋战，提前8天完成机房改造

除了做好技术运维、软件开发等工作，启达还兼管了机房和网络运维。2015年底，市局决定在机房原址进行设备升级改造，建设新型密闭通道。他与施工方深入探讨，精心选择工程方案，为确保"营改增"工作顺利实施，机房集中改造时间定在4月份。启达放弃了所有节假日，每天工作到深夜，他还特别重视机房改造质量和安全管理，组织了两次数据备份和设备断电演练。

2016年4月23日（周六）凌晨2时20分，梅州市局机房正式启用新空调新UPS等，标志着梅州市局机房改造成功，比原计划切换时间提前了8天。

四、抬头看路，综合素质不断提升

启达平时除埋头苦干外，也非常注意抬头看路，积极思考工作中存在的问题以

及解决思路，从实践中总结理论并形成论文。2016年他撰写的《梅州地税涉税数据分析与应用浅析》被省局税收研究会评为二类调研论文。他参与撰写的《以信息化手段提高税费征管质量的探索》和《规范基层税务机关税务执法文书使用的几点建议》获得梅州市局优秀税收调研成果二等奖。

在勤奋工作的同时，他不忘充电提升自己以更好开展工作。他常以"非学无以广才，非志无以成学"激励自己，努力学习各类知识。他参加"大练兵大比武"活动，2012年度获得省局信息技术岗位能手标兵称号；参加技术认证考试，获得软件设计师认证；坚持每天背诵数个单词，努力提升英语水平。他俨然成为梅州地税爱学习的典型，成为激励梅州地税年轻人努力学习的一面旗帜。

大家称启达是信息科的CPA，不仅是因为他通过了注册会计师考试，更是因为他经过多年的历练，已经成长为一名有信仰、负责任、能力强、爱学习的工作多面手，在未来的奋斗路上，相信他还将走得更远。

（梅州市地税局　叶　晖）

挂席渡沧海　只为"税"风顺

在有些人眼里，幸运是获得了一笔不菲的财富，幸运是遇见了自己想要遇见的人。而对于汕尾市局的周明江来说，幸运，莫过于在年富力强的时候找到自己的使命，并为之倾力付出，而这个使命便是为推动税收征管信息化、促进汕尾税收事业迈向现代化做出应有贡献。

青春"金税"，使命至上

周明江，时任汕尾市地税局征管科副科长。他自2003年参加工作以来，从基层做起，历经多个岗位，十几年如一日，逐步成长为税收征管工作的业务骨干。

风正一帆悬，理想的彼岸往往都是由辛勤的汗水和卓越的智慧垒筑。为税收发展安上"信息化"之翼，让新时期税收引领现代化之风，需要依靠广大税务人共同前行筑梦。如果把税收事业比作没有终点的远航，那么周明江就是一路航行的追梦人，梦幻之旅精彩纷呈，而他也在税收事业的旅途中找到了人生定位和青春使命。

作为统一了国税、地税征管应用系统版本和全国征管数据标准口径，给税收发展带来革命性影响的"金税三期"系统，其应用推广使用，毫无疑问是实现税收信息化变革的必由之路。在如此关键和重要的任务面前，有着计算机专业技术优势的周明江，成了汕尾市局"金税三期"系统试点办的业务主力。

从2013年"金税三期"系统全国版试点上线到2014年"金税三期"系统全省优

化版上线，再到2015年正式上线运行，周明江可以说全程参与了这项"软件""硬战"的攻坚。他从上线初期的初始化、数据清理、系统全员培训，到双轨试点运行、全员全量全业务运行，再到系统单轨正式上线运行，都提出了很多建设性意见，按时按质完成了各项工作任务，为"金税三期"系统全省优化版成功上线做出了不可忽视的贡献。

"新旧"邂逅，燃情闯关

在税收事业改革发展的过程中，新生事物层出不穷，新的要求接踵而至，需要更过硬的现代技术和更创新的工作方法。在周明江看来，税收信息化建设依靠的是技术创新，而最关键的因素仍是"人"，只有人驾驭了新技术，才能让新变革产生无比巨大的助推力。当传统的税收业务遇上前沿的信息技术，除了新手段，同样需要拼搏的精神和奉献的热情。

在"金税三期"系统上线前的筹备期间，周明江参加了省局举办的各类初始化培训、数据迁移培训、师资培训及各类省局适应性测试、专项集中办公，认真虚心学习请教，深入细致研究，完成代码表和参数表的采集工作，认真梳理岗责体系，指导各单位完成岗责体系设置。他和同事们一道共清理数据近3.26万条，完成国地税共管户对碰工作，完成核实对碰数据6 532条，获得相关部门的充分肯定。

开展双轨试点运行时，他和同事一起进驻试点单位有序开展试点单位双轨运行工作，并对基线版用例387个、非基线用例244个、查询用例461个、决策一包用例47个，特色软件税源平台用例32个、发票在线用例58个、社保费系统用例71个、电子办税服务厅用例63个、两业系统用例13个、自助办税用例21个进行全面测试。全市测试数两万多笔，各模块通过率在全省名列前茅。

"金税"之光，四处绽放

读万卷书，行万里路。对于知识和技术而言，只有得到最好的应用才是完美。对于一项新的系统，只有被各个层面广泛接受、使用，并产生良好综合效益，才算得上是"物尽其用"，才不辜负为系统开发运营付出心血的人们。为了使"金税三期"系统能有效落地，以崭新的姿态服务税收，服务纳税人，周明江对"金税三期"系统的专业推广更是不遗余力。

作为骨干，周明江认真参加了省局师资培训。他牵头制订汕尾市全员培训方案，举办二级师资、业务骨干培训，并协助指导各县区开展全员培训，为双轨及单轨运行打下坚实基础。他坚持持续性、有针对性开展上线专项业务强化培训，每日问题辅导培训，每周上线情况总结交流培训，纳税人专场培训等各类培训，使各级地税人员和广大纳税人熟悉掌握系统各功能模块、操作流程和操作方法，尽快适应新系统、新流程。

脚踏实地，开启新路

党的十九大胜利召开后，各项事业发展进入了新的时代，以习近平总书记为核心的党中央对广东工作提出了"四个走在全国前列"的殷切期望。作为广东省税收大军的一员，周明江深刻意识到新时代需要召唤新气象，新征程需要赋予新使命。

2018—2020年省局信息化工作规划的出台，"放管服"改革的不断深入，转变征管方式、大数据管控的深入推进，以及即将到来的国地税征管体制改革，这一切将是一个又一个重大挑战。周明江说，作为"金税三期"系统上线的主力人员和汕尾地税数据化决策平台的推动者，他将以更为饱满的精神状态、更为昂扬的奋斗激情、更为积极的工作热情，助力税收腾飞，为地税事业信息化、现代化发展做出更大的贡献。

（汕尾市地税局　吴昱锟；汕尾陆丰市地税局　沈世瑞）

男儿有泪不轻弹

南国桃园的清晨尽管还透着寒意，但桃源楼前的桃花含苞待放，春天近了……

在采访赵业和前，我一直在想，这位广东地税"金税三期"系统试点办征管项目组组长、国家税务总局征管人才库的专业人才、别人口中的"赵三多"，究竟是怎样一位大神？但结束采访后，与其握手告别，我的心情变得有点沉重。

因为责任

鼻梁上那黑框近视眼镜透着书生的斯文，蓝色格子衬衫配咖啡色的休闲裤，温文儒雅又英气勃发，刚过不惑之年的赵业和看起来比实际年龄要年轻许多。见我进来他微笑着招手示意我先坐，起身给我倒了一杯开水。

"大家都称你为'赵三多'，任务多，会议多，找你的人多，听到'三多'我都觉得很累，你是怎么做到的？"我问。

他苦笑一下，说："那都是同事的玩笑啦。不过我们征管组职能是比较多的：审定各职能组、上线实施组等需征管规费组确认的问题；解决业务需求、业务差异等问题；负责提交组间单给总局业务组等；还得跟进自己组里的业务讨论、各组协调、跟总局业务组沟通、跟厂商协调。'金税三期'系统单轨上线前基本很少能在晚上12点前结束战斗。有时候早午晚会议不间断举行，曾经有过同时参加两个不同会议，需要几个楼来回跑，因为太累我竟然在会上睡着了。"

我说："长期熬夜对身体可不好，你若病倒了对工作和家庭也是不小打击啊。"

他说："谢谢你的提醒，有时候我也是身不由己。医生说我精神紧张就容易引起颈椎痉挛，压到神经就会导致头疼。"

长年累月身体和精神的严重透支，让这个七尺男儿在疾病面前显得苍白无力，唯有借助药物来缓解疼痛，但他还是咬紧牙关坚守在自己的岗位上。

据他同事说，2013年7月的某天，因为发烧，赵业和晕在宿舍无人知晓，清醒后觉得没大碍又继续去工作了。2014年9月的某天，他从省局开会后赶回南海信息中心，途中就开始发烧了，回到单位后还想把工作做完再去休息，结果被领导狠狠地骂了一顿，才乖乖去了医院打点滴。

究竟是什么动力支撑着他如此拼命地工作？

他平淡地说："也许就是一种责任吧，事情既然干开了，就得把它干完、干好。"这轻描淡写的"责任"二字，其中又包含了多少疲惫和辛酸？

因为喜欢

赵业和1997年大学毕业后便进入了地税系统，摸爬滚打18个年头，为地税事业兢兢业业地奉献了自己的青春。赵业和之所以能炼成如今业务精湛的"赵三多"，靠的不是天赋异禀，用他的话说就是两个字"喜欢"。

因为喜欢，他在大学攻读会计电算化；因为喜欢，他爱钻研税政业务难题；因为喜欢，他常常研究征管信息系统的弊端，在优化改进方面总能提出一些真知灼见；因为喜欢，他离开家人来到南国桃园，废寝忘食只为"金税三期"系统。

业务精湛，被他轻描淡写地归纳为个人情趣上的喜欢。但依我看来，他这一系列的喜欢，不仅是他对税务工作的喜欢，更是对税务事业的喜欢。

赵业和的组员都喜欢叫他"和记"，因为他没有一点组长的架子，既随和又关心体贴他的组员。副组长李东华说："工作不是特别忙时，晚上超过10点和记就开始催促我们回去休息，但自己却不起带头作用，干到凌晨一两点都是常事。"他的另外一个组员还跟我说，有一天晚上快12点了，领导来他们办公室劝他们回去休息，大家只好陆续离去。赵业和因为工作比较多，不愿意回去，又不想违背领导的一番好意，于是他悄悄躲在一个黑暗的角落，等领导和同事全都离开了，他才把灯打开，继续工作到深夜。

因为有爱

退去"大神"的光环，回归一个家庭，赵业和也有他的无奈和烦恼。

当我与他聊起他的家庭时，他轻轻叹了一口气，眼睛看向远方，黯然神伤。从十年前的"大集中"到现在的"金税三期"系统，他被省局抽调的次数已经数不清了，同事们都笑称他为"老抽"。他就像一个螺丝钉，哪里需要他，他就"钉"在哪里，毫无怨言。

他告诉我，"金税三期"系统单轨上线前两天妻子给他打电话，问什么时候能调回中山工作，他说现在还不知道。妻子轻叹了一口气，在电话那头沉默了许久，只说了一句"那好吧，你保重身体"便挂了电话。妻子的失落刺痛了他的心，到口的话却卡在喉咙里。他心里明白，"金税三期"系统上线后还有很多问题等着他去跟进、解决，短期内他无法也不能抽身离去，只盼在以后的日子能好好补偿妻女。

他对我说："你知道我现在感觉最幸福的一件事是什么吗？就是可以亲自到学校接女儿放学，看着她开心地向我飞奔而来，扑入我的怀中。"说到这里，铁骨铮铮的大男人不禁眼眶湿润，哽咽起来。

这就是赵业和，一个把责任看得比自己还重要的普通税务干部，既是业务精湛的拼命三郎，又是爱护妻女的好丈夫好爸爸。不管遇到什么困难，他都勇于担当和坚守自己的职责。做人谦和，但柔中有刚；做事低调，却尽心尽责。

王阳明有句话说："此心光明，夫复何言。"人生，问心无愧就好！他做到了。

（东莞市地税局莞城税务分局　祝桂兰）

小兵足迹：十年调七次

　　"我觉得'金税三期'系统工程具有划时代的意义，终将成为税收工作中的一座里程碑。我能够参与其中，与大家一起为这项伟大工程做一点事，非常幸运，也终生难忘。"陈晓华动情地说。他和"金税三期"系统结缘早，2008年的时候就曾借调到国家税务总局参与"金税三期"系统的需求编写工作；他和"金税三期"系统的缘分也深，在桃源两年多，是抽调"金三办"时间最长的人之一。

一、小兵的纯粹

　　谈及在桃源的两年，陈晓华最难忘的是一件"私活"。

　　当时，"金三办"业务组征管组正在进行我省业务流程的梳理工作，由于缺乏适配的文档管理与维护系统，工作效率受到了很大限制。"我和组长赵业和心里都挺急的。"陈晓华回忆着，"我是副组长，工作上出现问题我俩得首当其冲地去解决呀！"

　　这样一个系统在行家里手面前大概是小菜一碟，然而信息中心实在抽不出人力和资源，面对这种僵局，他俩没有放弃，反而萌生出一个想法：不如自己动手试试？陈晓华找来自己在优化组的搭档邝泽伟，三个人经过一番交流和商讨，最终决定放手一搏。"其实我们三个的计算机水平是很有限的。"提到这个，陈晓华笑得有些腼腆，他接着补充道，"不过，还是形成了两套方案。"

　　这两套方案，一个是在现有的开源软件基础上进行服务器搭建和系统调试，但未必能按工作需求加入个性化的元素；另一个是依托LOTUS NOTE知识重新开发设计，却比较耗时。三人很快分了工，赵业和对第一个方案进行测试，邝泽伟和陈晓华则按另一个方案进行开发设计。就这样，三人一边干"正活"，一边私底下用业余时间干"私活"，边学边做，边做边学，捣鼓了大概两周，两个方案都开发完成了。经过比对，他们最终采用了第二个方案成果，并很快将这套系统向整个业务组推广。

　　陈晓华颇有感慨："我们三人都是将近不惑之年的老男孩了，但还是这么有冲劲地干着一件事，没有计较回报得失，就是干着我们认为该干的事，干着我们想干的事，干着我们能干的事。"他沉默了片刻，肯定道："很纯粹。"

　　虽然对自己而言，这是一次独特的经历，但陈晓华知道，在桃源，这样的纯粹每天都在发生。回首过去两年，有的人一直坚守，有的人来了又走了，但每一次挑灯夜战的坚持，每一次追根究底的倔强，每一次团体协作的奋斗，无不蕴含着"金三人"的赤子之心。"这么好的团队很难得，感受到很多正能量。"他一脸坚定地说："再苦再累也值得。"

二、小兵的追求

　　工作十五年，陈晓华几乎就是个"抽调派遣兵"——仅最近的十年，他就被抽调了七次。提及这些年频繁的抽调经历，陈晓华并不感到厌倦："能学到很多东西。"

　　2013年陈晓华在上线支持组，一次组长因事请假，他成了集中适应性测试组织工作的临时负责人，此时，离组织全省近一百人在南海进行集中适应性测试只有几天的时间了。第一次负责这么大型的全省性工作，陈晓华心里没底，当天晚上向征科处的挺处长汇报安排进展时也很忐忑不安。"挺处长指出了我的安排中的不足和没考虑到的地方，然后耐心地跟我分析这项工作需要考虑的要点和安排，谈了近一个小时，我的工作思路和方向立刻清晰起来。"陈晓华记得那晚自己一鼓作气奋战到凌晨两点，终于将一份可操作性强的工作机制编写出来，集中适应性测试工作也得以顺利开展。

　　"'金三'团队里高手如云，组长个个'身怀绝技'，很多组员也是单位的能手。工作时多观察他们的工作模式和工作方法，虚心学习，就能获益匪浅。"陈晓华的"独门秘技"恰恰正是好学，因而在他眼中，每次抽调都是很好的学习机会，能够在与不同人的接触中获得一份别样的阅历和领悟。

提起频繁抽调的弊端，陈晓华心态很端正："曾经有位老局长跟我说过，'舍得，有舍必有得，有舍才有得'。我觉得很对，人生的每一次选择都有得失，重要的是知道什么值得去追求。"对陈晓华而言，他的追求与其说是一个结果，不如说是一种状态。

三、小兵的愧疚

南海金山汇萃才，躬耕桃源义气在。

喜讯何须待节庆，宝宝桃花相继来。

"金税三期"系统顺利上线的第二天，省"金三办"初始化组的周翔喜添麟儿，桃源楼里喜气洋洋，大家纷纷在微信上道贺，有才子更是即兴赋诗一首，引来阵阵称赞。在这一派热闹欢乐的气氛里，陈晓华手上忙着发祝福，心里却不由惦记起自己家中那咿呀学语的小团子，脸上也是暖暖一笑。

他做爸爸也不久，小孩刚半岁，常常挂念，但不能天天回去。"其实也不远，不堵车一个半小时就到了。"提及家庭，陈晓华有些内疚："我时常抽调，自己都习惯了，只是愧疚没能多陪陪家人。"

2008年陈晓华抽调总局期间，得知祖母离世时正值项目冲刺阶段，他怕影响整体进度，强忍着心中悲痛，坚持将项目完成后才紧赶慢赶回到家，最终未能见上祖母遗容。2009年赴港培训期间的一个周末，未婚妻父亲意外离世，陈晓华匆匆回莞处理后事，本想请假多陪陪未婚妻，但周一有个重要的审计工作必须参与，为了实习事务所的企业形象，更是为了广东地税的形象，他一咬牙又赶回了香港。抽调省局"金三办"期间，妻子怀孕、生育、抚养孩子，本该全程陪护的他大部分时间却坚守在南海，面对妻子的怨言，他耐心做妻子的思想工作，取得了妻子的理解。

"老实说，长期抽调在外，家人是有情绪和意见的，尤其是妻子怀孕和孩子出生成长，我未能经常陪伴他们，心里很是内疚。"

（广州市南沙开发区地税局　於中甫；东莞市地税局莞城税务分局　祝桂兰）

碰撞，磨合，怒放

——东莞东城地税税源分类管理背后的故事

经过两年多的探索实践，东莞地税东城分局试行"数据管事+风险管理"税源分类管理模式顺利平稳过渡，征管质效得到了一定的提升。请跟着我的笔触，感受创新路上的东城地税人努力探索税源分类管理改革的故事吧！

改——势在必行

"徐局，现在税收管理员的工作真的很繁杂很难做啊！每天忙于案头工作和咨询辅导，包揽6大项18小项职责，工作效率低，根本没时间开展数据管税、风险管理等有效的征管工作。"东城地税徐沛泉局长其实不止一次听到税管员对目前存在保姆包揽式管理问题的抱怨，也一直在思考如何在税收管理工作中突围。

东城分局新增固定业户已连续多月月均增长600户，税收管理员根本管不过来。如何调整分局的税源管理模式，解决迫在眉睫的管理问题成为徐局长萦绕心头的命题。

"改，探索重点税源管户管事与一般税源管事、日常管理与风险管理相结合的税源分类管理模式，成立专门小组集中办公出台方案。"在初步想法得到市局领导和科室支持鼓励以及分局内部多次讨论后，分局班子统一思想战线，2015年9月，徐局长启动了在分局内部开展税源分类管理调研工作。

试——思想火花在碰撞

在临时组建的税源分类管理调研办公室里，英姐、劲哥、小峰、小婧正在热烈地讨论。一群有激情的税务人聚在一起拟方案，思想火花的碰撞是最美的。劲哥的妻子刚好怀上二胎，但他一心扑在工作上，毫无怨言地接受挑战，与英姐、小峰、小婧日日夜夜地讨论与思考税源分类管理调整工作方案，让方案接地气、可实施、出实效。

大家紧盯目标开展头脑风暴，一个个新方案随之提出。分局班子全程参与了税源分类管理方案和配套文件的拟定、修改、完善，对调整方案提出了很多建设性意见，并听取市局意见调整改革方向。经过半年多的调查研究和方案酝酿，东城分局自2016年3月起正式试运行重点税源管户管事和一般税源管事相结合、日常管理和风险管理相结合的税源管理模式。

在试行前的全员培训班上，面对深化税收征管体制改革势必会带来与原有税收管理理念和征管模式的冲突，有些同志提出了担心和顾虑，但是大多数同志期待新的税源管理模式实施，希望借此大展拳脚、提升自我和提升效率。

徐局长说："试！我们得到了市局领导和各科室的大力支持。作为试点单位，我们要有服务大局的决心。面对即将遇到的新问题，我们要正确对待，作为东城地税人，我们要做税源分类管理的先头部队。'路虽远，行则必至，事虽难，做则必成。'当我们确信自己能行，这个念头会使得我们的内心滋生出一股力量，帮助我们战胜一切困难，坚持不懈，直到成功。"

行——从磨合到质效提升

这次的税源分类管理模式试行，把东城地税人的心紧紧地凝聚在一起。东城地税分局办公大楼里，征收股、基础事项管理组、法制事务管理组、风险管理统筹组、风险应对一组、风险应对二组各司其职，构成紧密的税源闭环管理。

在基础事项管理组的办公室里，大彭正利用国地税共享数据批量做税（费）种认定，每户用时压缩了76.47%。小彪"手把手"教导纳税人使用电子税务局系统，让纳税人多走网路，少走马路，电子申报率从2015年66%逐渐上升至99.98%。小雪集中精神批量审核跨区注销业务，规范填写工作底稿，审核要点数据一目了然，审核效率提高了44.74%，最快办结时间由8天缩短至1天，跨区业务实现办税服务厅当场办结。芬姐定下提升企业纳税信用水平的目标，带领团队对企业有针对性地提前辅导，2017年度企业在地税单方评A的纳税人数量比2015年度增加了50.3%。威少以贯彻落实税收优惠为己任，以"高新"和"研发"税收优惠为着力点，在2016年度汇算清缴中，辅导企业享受税收优惠减免企业所得税税额同比增长60%，助力"东莞智造"加速度发展。小嫦把分类管理思想拓展到办税服务厅管理，分组分类，增设绿色通道和快捷通道，2018年第一季度平均办理业务时间同比缩短了50%，平均等候时间缩短了58%，纳税人满意度达到99.8%。

在管事调整下，分局挤出人力资源安排业务骨干组成风险管理团队，从对内和对外两个方面严守"风险关"。法制事务管理组的燕姐，是一名在税务系统上工作了30多年的老干部，她很有感触地说："自己年纪大了，很难再全面学习新知识新系统。所谓术业有专攻，通过管事调整，现在专门做催报催缴工作，社保欠费金额较年初下降了55.6%，很有成就感！"东莞市某事务所的办税人员小吴感慨地说："开始的时候，还不习惯东城分局税源分类管理这个模式转变，但现在发现这个税源分类管理实施起来很便利纳税人，办理跨区注销、股权转让等都快了，还有人专门通知我们有什么税收优惠项目。"

东城地税在改变中进步。近两年，无论是纳税人还是税务人员，从实实在在的纳税服务和征管数据中都看到了东城地税服务质效和工作质效的有效提升。

创新不息，挑战不止。在税收征管改革路上，全体东城地税人乃至东莞地税人身上具有的品质——前瞻、果敢、团结、协作在实践中闪闪发光。我们定将以创新为手段，以发展为目的，以为纳税人服务为中心，坚决做征管方式转变的拥护者、实践者和推进者！

（东莞市地税局东城分局　钟雪峰　陈小静）

桃花源里，静静绽放

南海税务信息处理中心，大多数是男儿们在埋头伏案，却也少不了巾帼不让须眉的倩影；在"金税三期"系统数据楼里，多是年轻人加班加点，却也闪现着大叔大姐们的忙碌笑脸。

桃之夭夭，灼灼其华

珍姐——李玉珍，就是桃花源里静静绽放的别样一朵。

团队，就是一起把事做好。

李玉珍，"金税三期"系统试点办公室规划核算组副组长，江门市地税局计财科科员，负责税收票证管理和社保费会统核算，三届省级和两届市级兼职教师，2005年—2015年多次被省局抽调参与大集中征管系统、社保费征管系统、"金税三期"征管系统工程建设工作。

"其实她之前才是组长，去年家中有事回去照顾，不得不中途请假。"接任她的现任组长林海青说。

回来后，领导征求她的意见。她甘愿做副组长，与组长AB角，工作协调配合一点没受影响。

"组长、副组长无所谓，关键是把手头的任务完成。"她坦然一笑，"其实不管是组长副组长还是组员，大家都是干活的。只是分工不同，就是一起把事做好！"

规核组业务专业性很强，无论事情多急多紧，作为一名共产党员，珍姐都能带领大家按期保质交货，充分体现了组织有序、团队凝聚。

大家亲热地叫她珍姐。的确，在一群80后、90后为主的年轻团队中，已过不惑之年的她，的确算是大姐大了。

大姐大没有任何特权，最迟一次加班到凌晨一点，睡个觉早上照常准点上班。"比我累的还有好多。不是想晚上加班，而是因为白天听电话，看邮件，看工作微信群，已是分身无术。只有晚上才能一一解决白天的遗留问题。"她实话实说。组里同事来来走走，她迎来送往。"每来一批，珍姐都不厌其烦地指导。工作上的事，你帮我做，我帮你解决，协作愉快。在这里学到了好多。"同事刘锦辉说。周三晚，是基本不用加班的晚上，她会与组员们一起到附近的农庄，吃个农家菜或者唱唱歌，内部轮流请，或者AA制。大家说说笑笑，只有这时才是最放松的时候。

同事冯灭回忆说，某次去吃饭，某位女同事说到动情处眼眶渐红。珍姐立刻缓解气氛，叫停说："不要弄哭我啊，我要开开心心来，开开心心干活，开开心心地回去。"心态超好！

担当，事情总得有人做

珍姐1992年财政学校中专毕业来到税收岗位，已经有22年的工龄了。

时间过得真快，眨眼间，二十年如一日勤奋工作的她，已是人到中年。

2005年大集中，她也是借调大半年。全省地税社保费新系统上线，中山、江门做试点。那时小孩刚上一年级，都是老人家带的，他们身体都还好，如果现在就不太方便了。丈夫也给了她很多理解。"谁让他是地税干部呢。"她笑着说，"肯定要支持了。"

2013年5月，珍姐去总局北京昌平培训两个星期后回来，也有姐妹同事好心说，这么大了，还去累，为了啥啊，而且这似乎对个人职务发展也没有多大帮助。"她们说的也没错。"她静静地说，"自己做过，有基础，组织相信，自己到哪里都是工作，也不好意思推辞。事情总得有人做啊。"

科里的领导换了几任，几次竞岗，她都差一点。她说："有得有失，不能计较太多，不虚度光阴就行。其他顺其自然，也不太在意。"

身在南海，还要兼顾单位的一些工作。基层报送的报表，珍姐月初都要在邮件上认真汇总，确保无误。

同事吴文娜佩服地说："珍姐是大姐大热心肠，她是'金三'团队里维护妇女

'儿童'权益的代言人。她所在的规核组，不管啥时都是有条不紊。"

专业，不存一丝侥幸去做

珍姐的专业，不仅仅体现在规核业务上，还体现在能够站在全局角度对税收征管业务进行全面了解。在2014年上半年省"金三办"的一次内部培训中，省"金三办"要求她从规核业务出发，同时跳出规核的视角，从登记、申报、征收等环节开始全面讲解"金税三期"系统的业务规则。她领命而去，认真备课，从税收征管的源头开始，逐个环节全面讲解整个税收业务流程，足足给大家讲了一个半小时的课，让大家见识到了一个省级和市级兼职教师的功底。

她每天一上班拿任务回来，就安排组员落实，然后核对传递。最难忘的一件事就是上线前，加班加点下发了指引，也比较明晰，但是个别基层单位没有认真看，造成操作错误。问题递交上来，却不能马上解决。特别是2015年1月7日，为确保第二天上线，鉴于个别单位的操作失误必须对全省的数据再进行全面盘点。一级一级通知，去到基层，已是晚上。有些单位，特别是没有出错的单位就问，为何不能确定是哪个单位。"唉，真的需要换位思考。机关、基层都要互相理解。对基层来说也许是一个个案，对全省规核组却是全省的、全面的。如果不全面排查，难保不出万一。即使一些基层一时辛苦不理解，也要不存一丝侥幸去做。"珍姐坚定地说。

2015年1月20日，总局王军局长、省局王南健局长来到了数据楼亲切慰问。领导的高度肯定让她感到所有的付出都是值得的。

"希望'金税三期'系统越来越完善。任务顺利完成后，这两年一定要回去好好陪陪儿子，陪他度过高中成长阶段，争取高考考个理想的大学。"她望向窗外，充满憧憬。

窗外的棵棵桃树正含苞孕育，等待春天到来，即将绽放……

（广州市黄埔区地税局　於中甫）

争先进位　忘我奉献

——记江门地税"大数据综合应用平台"开发项目组

在推广大数据及其应用的过程中，江门地税涌现了一群实干担当、奋发有为的骨干队伍。为了实现江门市局党组制定的"一年看齐、二年完善、三年超越"的发展蓝图，他们默默耕耘，圆满完成江门地税"大数据综合应用平台"的开发任务。

一、平台开发急先锋：黄肖明

黄肖明的身份不只是"大数据综合应用平台"开发项目组的组长，除了市局征管科副科长外，他还兼任江门市大企业局副局长，工作繁多责任重大。"工作态度决定一切成败"是他经常挂在嘴边的一句话。就是这么一句话，让他在税收工作岗位上锐意进取达19载。在备战"大数据综合应用平台"开发项目的日日夜夜，本已异常忙碌的他，为了确保各项工作能有序开展和落实到位，他亲自承担了工作方案修正、业务需求梳理、数据统计口径校验、系统功能测试等多项任务，还要落实和跟进工作协调汇报、组织实施系统试运行和验收方案制订、开展系统平台全员培训、监督项目开发进度等多项工作。上班时间除了要处理征管科和大企业局工作中大量的日常事务，晚上还要与开发公司开会研究解决项目开发过程中存在的系列问题。"白+黑、5+2"的工作模式已成习惯，忘我忘家也成了常态。他把家中的老小交给妻子照料，甚至几个星期都没能跟儿子好好吃过一顿饭。期间，母亲不幸患病住院，他只请了一天假，待母亲动完手术后就匆匆赶回单位。对于平台开发过程中遇到的问题，他总是勇当先锋积极寻求解决办法并且进行事后跟踪，带领组员们夜以继日、攻坚克难，确保了平台开发的各项工作扎实有序推进。

二、系统运行工程师：叶俊明

项目组骨干成员叶俊明，是市局信息科业务骨干，挂职蓬江区地税局环市分局兼任副分局长。项目开发初期，平台核心难题频频浮现："'金税三期'省局下发国税数据列表需与开发公司对接""平台收入数据与'金税三期'系统差异较大，统计表多次出现数据遗漏""平台业务工作流设置不合理要调整"等，作为市局信息科最熟悉"金税三期"系统数据库结构的叶俊明，义不容辞地担负起解决平台相关技术问题的责任。他每天的工作安排得满满实实，办公室电话和手机铃声此起彼伏——区局、分局的业务问题、平台开发的相关技术咨询全都落在他身上。除了白天繁重的工作，晚上的微信工作群也是他的阵地，平台开发实施方案的制订、工作流程的可行性判断、系统取数口径的反馈、模块功能的优化建议、与软件公司的技术协调等，他都要耐心回应并提出建设性意见。"能力越大，责任越大。"深知此道理的叶俊明，坦然面对平台开发和基层分局进行管事制改革所带来的巨大压力。充实的工作造就了他不怕苦、不怕累的实干精神，他用自己的行动，感染着身边的同事，努力让税收征管信息化工作的步伐在基层一线迈得更加坚实。

三、专项业务把关员：黄茵

已是晚上10点05分了，为确保"社保费基础登记数据、社会费参保数据查询、社会辅助功能"等模块的顺利开发，项目组成员规费科副主任科员黄茵的手机铃声仍此起彼伏，忙碌的身影在规费科与信息科之间穿梭，手指尖不停地在键盘上跳跃，业务梳理、截图提单、微信回复。从平台项目启动以来，黄茵已经记不起这是多少次加班了。作为市局规费科资深的社保费征管专家，她深深知道只有各项业务梳理工作落实到位，才能保障平台"社保功能"的顺利应用。由于肩负的事务较多，她白天要应付处理日常事务，中午、晚上加班才能进行开发项目组的验证和补录数据。作为平台开发组少有的女性，黄茵没有享受到任何特权，与其他男同志一样，要加班时加班，要熬夜时熬夜，牺牲了不少本该照顾孩子、与家人共度的欢乐时光。但她仍毫无怨言，对测试验证工作坚持一丝不苟，认真细致。她笑言："个人加班加点是小事，要紧的是别拖大队伍的后腿。"

在平台开发过程中涌现的好人好事远远不止这些。计财科陈俊山带病坚持开发工作，监察室梁丽敏也经常利用休息时间投入数据校验和测试，征管科李浩贤主动放弃多次补休假的时间投入到各项业务需求梳理、测试和平台动态报道的工作中等，团队中不少成员来自不同业务部门和岗位，但大家目标一致、各司其职、相互协作、不怕艰辛。

正是因为他们的坚持和努力，江门地税系统大数据综合应用平台一期和二期项目先后顺利上线应用，有效提高了全市纳税服务、风险防控、经济分析以及宏观决策水平。

（江门市地税局　黄肖明；江门市蓬江区地税局荷塘分局　张丽萍）

心有猛虎　细嗅桃蕊

十年来的很大一部分时间里，冯减总是开着他的蓝鸟，独自往返于鼍桂两城。他给人的感觉，就像沙场上的猛将军，正如他玩的心理测试结果般，内心是一头雄狮。但老朋友都知道，冯减是个侠骨柔情的汉子。

是的，猛虎会细嗅蔷薇，雄心壮志亦会为温柔和美丽所折服，安然感受美好与清泰。39岁的冯减，经历了广东省税务局大集中系统开发和"金税三期"系统上线的洗礼，正步入不惑之年，已无须再证明什么了。但他依然留在南国桃园，有了新的追求，开始了另一种修炼。

立马横刀　舌战群儒

冯减清晰地记得，2013年4月2日，方从林芝回来，就接到征科处的抽调通知。当时他愣了一下，考虑到孩子未满三岁，正是需要父爱温暖的年龄，但他还是答应了。

"召回我们这些搞过大集中的老兵，应该是需要大家的上线经验，作为地税干部，我服从安排。而且，能够参与'金税三期'系统上线这样的历史性工程，是不可多得的经历吧。"冯减这样说着，带上羽毛球拍，启动他的蓝鸟，开始了这段"金三"征途。

但这次任务更艰巨，还要带着一群"娃娃兵"作战。冯减是管控组和上线支持组的双组长。若算上省局服务台的人员，他可管理调配将近200人，这对他的管理能力和协调能力提出了很高要求。

冯诫从不懂退缩。前期做业务差异分析，他就没少与软件公司唇枪舌剑，争论得面红耳赤。向总局汇报工作时，也常坚持原则，据理力争——有次在总局主持的业务研讨会上，冯诫从用户体验角度"大放厥词"，直指系统设计上有瑕疵，让在座的同事捏了把汗。会上，总局不但接受了他的建议，更是肯定了这种务实的精神。从此，冯诫就多了个"冯大炮"的称号。

在处理涉及总局、各厂商、各地市等多方事项和关系时，冯诫总是有理有据，有进有退，敢说真话，敢拍桌子，敢"套近乎"，敢掏心窝。但相识十年的冯崴却说，如今的冯诫曾经妥协过。那次在"金税三期"试点办的分组方案讨论中，冯诫的方案与其他方案有差异，经过激烈讨论后，他的意见没被采纳，但他还是坚决执行了集体的方案。

问冯诫这项工作累不累，他回答得很直白："很累很累……试过连续几个晚上的睡眠时间不足3小时，也试过在办公椅上都睡着了。当然，这不是常态，正常状况下我的工作还是在可控范围之内的。"在桃园工作期间，听到他说过的最多的一句话是："既然干了，就把它干好吧。"也许，这么简单的话，就是在"金税三期"系统上线途中的最真实写照吧。

酾酒临江　横槊赋诗

义关羽亦有多情心，猛张飞也玩绣花针。刚认识冯诫，是看了他在《阳江地税》杂志上写的一些调研文章——当时他还在乡镇当分局长。在他抽调省局"金三办"前，还曾在阳江地税的《调研与决策参考》上发表《关于我市地税系统金税三期系统上线工作的探讨》。结果，几个月后，他要思考的课题由"我市"变成了"我省"，甚至"我国"。

在南海工作期间，遇到一个小困难。那天晚上，冯诫叫我到他办公室"闲聊叙旧"。他的办公桌收拾得很干净，物品摆放整齐，一点不像他外表那般粗犷。据说，在北京出差时，一有机会，他就会带着同事去国家大剧院听交响乐。而在他的微信朋友圈，能看到许多生活和工作的记录，其中关于"金税三期"系统的内容最多。这些与"金税三期"系统有关的句子，都散发着梦想的气息。冯诫很少写诗意文字，却保持着写日记的习惯。有幸拜读他的部分日记，发现他对生活的体会是极其感性的，对工作的思考却是深度理性的。

在日记里，冯浟记录了2014年11月24日从阳江到桃园的路上，看到一片尚未收割的金色稻田后的心情。其中几句，尤其能流露出他的感性和憧憬："看不到即将被收割的伤悲，只看到成熟的生命的喜悦。它，有着足够的积淀。它，有着足够的乐观。"

上善若水　冰心玉壶

聊起家人是否支持他的工作，冯浟说："老婆大人也搞过管理系统建设，能明白我的状态。她没意见，老头也没什么意见。但把一家子的事情都扔给他们，还是蛮有内疚感的。"言语间洋溢着淡淡的幸福。

若周末不开会加班，他都会独自开车三百多公里路回家看看。平时也只能通过电话跟"老婆大人"聊聊天，但次数并不多，毕竟等他闲下来时已是夜深人静了。

冯浟的儿子今年快5岁了，每次儿子见他回来，都会像只小鸟般热情地扑向父亲温暖的怀抱。有次冯浟出差两周回来，儿子见到他，很坚定地说："不跟你玩！"结果，真的是一连两天都没理冯浟。又过了两周，小家伙见冯浟回来了，飞过来抱着他的大腿，哭着说："爸爸，我好想你。"坚强的大男人，豆大的泪珠忍不住直掉。

2013年8月24日，冯浟的奶奶在ICU里与病魔抗争了11天后去世，家人怕打扰他工作，直到当天才告知他。聊起这件事，冯浟情绪迅速低落："是奶奶把我带大的。在老人家临走之前，却没能见上最后一面……"从2013年4月8日参加"金税三期"系统工作以来，他的外公和奶奶相继撒手而去，却没能送他们最后一程。在他的日记里，是这么写的："等办完奶奶的后事之后，我再次回到南海，与同事们一起，继续我们的上线大业。"

当"金税三期"系统工作告一段落后，他说想要休息一段时间陪陪家人，也会出去走走，去看看祖国的壮丽河山，去看看"金税三期"系统服务经济社会发展的景象。

（阳江市地税局　陈明选）

花儿为什么这样红

——湛江市"金税三期"上线纪实

如果有人问我："谁是雷州地税最可爱的人？"我会毫不犹豫地告诉他："金三办"的同志！他们从去年的夏天到今年的冬天，一共清理了六批数据，累计两万多条，对碰国地税数据超过四千户，主动放弃了休假的机会，加班成了他们的生活，他们为了"金税三期"系统顺利上线，付出了太多、太多……

一、夯实基础、高屋建瓴、运筹帷幄

雷州市地税局党组高度重视"金税三期"系统上线工作，在广东省地税局、湛江市地税局的统一指导下，将上线工作作为"一把手"工程，从宣传、动员到落实，每一项工作、每一个细节都做到有计划、有目标、有方案、有总结，把工作做到细之又细、实之又实。数据的清理、对碰我们做到百分之百完成任务，我们是第一个着手组织培训工作的单位（除了试点单位外），我们第一个向市局提出"金税三期"系统能否成功上线的关键是什么？我们集中测试超过十天，积累了宝贵的经验，扎扎实实、一步一个脚印，每项工作都积极、主动走在其他兄弟单位的前面。

二、十年磨一剑，剑出必争锋

我局在"金三办"成立之初，就一心一意把它做到最好。为了确保成功上线、顺利运行，在人员选用方面严格做到"两个最"：选业务能力最强的，用工作最有责任心的。他们都是年轻有为的中坚、业务骨干，他们既有丰富的基层工作经验又有扎实的业务基础，工作经历都超过十年，是各个岗位的专家能手。

网络钢铁卫士蔡挺同志，1998年参加工作，在2012年"大比武"活动中被评为"湛江市地税系统信息岗位业务能手"。他一心专注信息工作，像钢铁侠一样全力以赴保障着雷州"金税三期"系统稳妥、顺利运行。

人称"拼命三郎"的卓芳盛同志，2005年参加税务工作，在基层多个岗位磨炼过，工作积极肯干，努力钻研业务，2011年负责征管组工作以来，兢兢业业，是雷州局"金税三期"系统征管业务难题的"清道夫"。

湛江局兼职师资何志海同志，在2012年"大比武"活动中被评为"湛江市地税系统征管岗位业务能手"。他有着超过十年的基层工作经验，工作积极主动，任劳任怨，为"金税三期"系统默默贡献，每次工作来回往返超过100公里。

三、长江后浪推前浪，江山辈有人才出

在"金税三期"系统上线工作中我局涌现了一批团结奋进、年轻好学、初生牛犊不怕虎的年轻干部，也在这个过程中，进一步锻炼了这一批干部，他们是近两年加入地税队伍的新兵：龙门分局的李菲菲，雷城分局的杨扬、林之圣，附城分局的陈媚。他们不断发现问题、解决问题，促进系统的完善；他们是雷州地税"金税三期"系统工作中的"突击队"，是处理问题的"手术刀"；他们为雷州地税"金税三期"系统编写了常用业务操作流程，是雷州地税"金税三期"系统第一个吃螃蟹的人！他们吃苦耐劳、披荆斩棘，将自己的青春年华无私地奉献给雷州地税事业，不久的将来必将成长为地税栋梁之材！

四、想纳税人之所想、急纳税人之所急

我局在"金税三期"系统上线后，是湛江局应急预案做得最细、落实最到位的单位之一。截至2017年，运行效果超出了预定的目标，做到保障"金税三期"系统

稳定运行、征管业务处理顺利、纳税人满意……这些成绩的取得是与雷州地税每个人的辛勤付出和默默奉献分不开的；与他们时时刻刻"心中装的是纳税人，想纳税人之所想、急纳税人之所急"的理念是分不开的。

五、关键时刻能站得出来、豁得出去

我局党组书记、局长邱国曼深有感触地说："平时能看得出来，关键时能冲得出来，危难时能豁得出来。一句话，党员干部就是要走在群众的前面。"的确，他是这样说的，也是这样做的！在"金税三期"系统压力测试阶段，也是我局税收组织工作最辛苦、最紧张的时刻，邱局长连续几天不回家，在单位里陪测试组的同志一直工作到深夜，身体疲惫不堪。同志们看在眼中，急在心里。然而那时，他已得了重感冒，高烧不退、脸色苍白，同志们都劝他休息一下，他强忍着身体不适，笑了笑，又投入紧张的压力测试指挥工作中。从电教室到基层分局，他逐一指导，询问同志们网络怎么样，业务准备了多少，测试得顺利不顺利，哪里还存在问题……最后，测试工作顺利完成，他却病倒了。

还有"金税三期"系统业务组负责人卓芳盛同志，他在"金税三期"系统培训期间其父摔断脚骨，为了不耽误全局的培训工作，他舍小家顾大家，全心全意地扑在工作上……

花儿为什么这样红？因为有一代又一代雷州地税人的无私奉献与付出浇灌，才有地税事业红红火火的今天！

（湛江雷州市地税局　卓芳盛）

十年一抹"税务蓝"

——基层信息管理员的那份初心

冯登科，信宜地税信息管理员，一位时常洋溢着温暖的笑容，瘦高的80后小伙。在全省税务信息现代化建设战略布局中，他担任"前线节点冲锋的小兵"。在全局两百多号人的心目中，他是政务、征管信息平台运维、逢系统出错必找的"Administrator"，代表着全局的最高技术水平。他笃信"青春是用来奋斗的"，积极参与"大集中""金税三期"系统等征管信息化重大变革；他十年如一日，孜孜不倦，始终不忘心中那一抹神圣的"税务蓝"。

初心是谦虚谨慎，边学边做

刚入地税那年，冯登科就碰上了全省重点信息建设工程"大集中"上线，作为地税新兵，他要跟着前辈去改造升级网络，配置电脑系统，因为信息人员有限，他在跟学几次后就得亲自上阵了。这可马虎不得，冯登科认真地跟学，每一步都做记录，不懂就问，晚上就待在办公室里整理步骤，与自己所学进行验证、上机测试，为减轻老同志工作负担，他提出自己带队下乡去铺设网络，走上一线。

信宜是个山城，每个税所相隔甚远且路途颠簸，为及时完成22个乡镇税所的网络升级改造，每天早上6点左右，冯登科就顶着冷风，带领工程人员驱车前往各乡镇。他每到一个税所，都要进行检查、研究和规划，在电话中向前辈虚心请教，为税所设计出最合适的网络配线改造方案，同时为确保工作的落实，他全程跟踪并亲自动手。刚开始，税所同事们看着这位新来的小伙子，都心存"他行不行啊"的怀疑，慢慢地，他们逐渐改观：新电脑来了，这小伙子挽起袖子去扛；要重新安装网线，他钻到办公桌下去拉线；电脑有小问题，他拆开又重装；网络改造需改造办公室，他帮凿墙、爬天花板、搬办公桌……到最后，同事们看着焕然一新的配线间、运行顺畅的电脑系统，都打消了之前的顾虑，并争着问他电脑系统操作上的一些问题如何处理，他也乐意解答，解决不了的，弄懂了便第一时间把处理方法详细告诉同事。

经过无数次的跋山涉水，亲自督导，历经半年的信宜地税基层税所的网络升级工程，在"大集中"上线前顺利完成，为"大集中"上线运行提供了有力保障。

那时，冯登科就在同事的心目中留下了一个虚心、热情、聪明、有担当的印象。事后他说，最深的印象，是自己学会了很多信息技术和网络知识，为后来的各项税务信息建设工作打下了基础，还有就是那年的严寒，让他那双总是在推、拉、举、扛的手长满了冻疮，稍一碰触，就是钻心的痒痛。

初心是保证完成任务

已是傍晚6点多钟，整栋地税大楼显得很安静，但冯登科所在的"金税三期"系统上线支持组办公室却是一种紧张的工作氛围。系统即将上线，时间紧，任务重，工作人员精神高度集中，对着电脑屏幕，鼠标来回移动，手指在键盘上噼里啪啦地敲着，冯登科正半俯着身子在同事的电脑桌前，指导着同事处理各种系统问题。早冬的寒风从窗外吹进，将他额前的头发吹起，露出清瘦而苍白的脸，1.75米的个子却不足100斤，衣服穿在他身上像搭在骨架子上一样，瘦得让人担心。

办公室来了访者，冯登科并没有注意到，仍然在指导着同事处理流程问题。直到"金三办"主任走到他身边拍他肩膀，他才猛地转过身来。"已经下班啦，你早点回家吃饭吧！"主任忍不住嘱咐，"再熬下去，会犯胃病、低血糖了！"主任的话才让冯登科想起已经是吃晚饭时间，"没事，中午差不多2点才吃饭，现在还不是很饿！这里有几个很急的问题要处理，忙完就去吃饭，保证完成任务！"他摸了一下肚子，然后潇洒地转过身继续指导同事工作。

作为信息管理员，冯登科万千重任系于一身，在上线冲刺期间，他每天像上紧的发条一样，绷得紧紧的。早上他六七点钟就到局里去继续完成前一天没完成的工作，对于难以口头解决的问题，他通过电脑远程解决；难以远程解决的他就第一时间赶赴现场解决。晚上，所有的同事几乎走光了，他还带领着几位信息人员在奋斗，有时是深夜，有时是凌晨三四点，有时是通宵达旦。而他，总是最后一个离开，在休息几个小时后，又接着新一天的工作。

这段日子里，楼上楼下，信宜地税局每一个办公室里，都能见到他低头弯腰认真"捣鼓"电脑的身影，那个身影可以蛰伏在电脑前好几个小时。这"低头弯腰"的形象，很长一段时间都留在同事的脑海中，担心他那前腰贴后背的瘦劲能否再支撑，都劝他要休息好，他却总是笑着说："没事，工作要紧，就快上线了，忙完系统配置和测试再说……"这个"再说"没有下文，为确保全局近200名的干部职工能正确并且熟练操作"金税三期"系统，在这繁忙的系统准备期间，他与其他业务骨干一起，承担起全局的业务操作培训重任。每天，他除了授课，实操课也必然陪堂，直到每位干部职工能够独立完成"金税三期"系统的操作。有些干部职工在培训班上难以消化他讲的课，课后他又不厌其烦地"一对一"教学，直到他们弄懂弄透。

初心是不言放弃，忠于职守

冯登科上有老，下有小，照顾祖辈父辈及幼儿是义不容辞的责任。然而，"金税三期"系统上线工作头绪多、时间紧、任务重，他实在无法两头兼顾，唯有将照顾幼儿的大部分责任交给了年老的父母。天有不测风云，在"金税三期"系统上线之际，他远在广西的外婆病危，而他是外婆最疼爱的外孙，外婆去世前一直想着要见他，但在冯登科那没有白天与黑夜之分的工作时间里，为了不耽误这关乎全局、即将上线的"金税三期"系统工作，他甚至挤不出一分钟的时间与外婆见上最后一面。他强忍着对外婆的愧疚之情，坚守在工作岗位上，化悲痛为力量，迅雷出击，快速推进"金税三期"系统上线。

李花漫山，香飘百里，努力终结硕果！信宜地税顺利完成了一项项征管信息化改革，潜移默化地改变着办税方式、完善着征管模式、影响着征纳关系。冯登科的努力和付出有目共睹，获得了茂名地税系统2017年度"十大最美地税人"称号，是全局学习的楷模。

不忘初心，方得始终。

（茂名信宜市地税局　苏　定　陆金荣）

浩瀚税海，水珠静流

如果说税务事业是一片博大的蓝色海洋，那么，清远地税局征管科副科长蔡映涛，就像浩瀚的税海中一滴水珠，与其他税务人一起，使税海更壮阔，更澄澈。她没有豪言壮语，没有惊天动地的事迹，只是在平凡的岗位上用心工作，留下一个又一个朴实沉静、默默奉献的身影。

"金税三期"系统上线，有她奋勉的身影。"金税三期"在全省成功上线已经近三年了，相信每个"金三人"依然记得2014年"金税三期"系统上线之战的忙碌厚重。她是市局上线办综合业务组的组长，为确保完成"金税三期"系统上线的任务，她和市局上线办的同志们全力以赴，围绕重点环节，高效推进数据清理、操作培训、双轨运行测试、应急演练等各项工作：精耕细作开展数据清理，组建分类清理小组，全力开展数据筛选、自查和补录工作，为系统上线运行全面扫清障碍；以测代培强化操作培训，制订上线培训方案，选取以测代培模式，按照业务模块组织操作培训，并组织上线办的师资奔赴全市各地指导上线工作；多措并举推动双轨运行，组建双轨运行测试小组，实行日常业务双轨运行、实时对比，测试各业务环节衔接是否顺畅，确保在正式运行后能有序应对业务高峰。在这样的紧张工作中，多少个加班的夜晚她熬红了双眼，多少个业务难题被攻克时，大家欢呼雀跃，让人忘记了疲惫和挫折……她和上线办人员全方位展示了什么是"5+2""白+黑"。有其他单位的朋友问："整天加班，你们不累吗？"她总是回答："累，但团结就是力量！"好一句"团结就是力量！"正是这种拧成一股绳的奋斗精神和严谨认真的工作态度，使得清远市局的"金税三期"系统上线工作紧张有序地顺利进行，而她也喜获省局的三等功嘉奖。

涉税费事项全市通办上线，有她拼搏的身影。2015年上半年，市局决定上线涉税费事项全市通办工作。在市局的高度信任下，征管科承担起该项工作的重任。作为具体业务的负责人，她克服种种困难，奋勇前行。她和项目团队逐项逐条分析对比广州等先进地区的先进理念，取长补短；她和项目团队紧密联系省局，充分调研、反复论证；为了能按时按质完成，她和项目团队分秒必争连续奋战28个日夜，没有休息过一个周末，没有半句怨言。她的敬业精神深深感动了整个项目组，在她的影响下，项目组的工作氛围更加融洽，工作热情更加高涨。当时，反复的修改让人倍感焦急，她坚定地拍拍同事们的肩膀："继续努力！"经过三个月的精心研发，2015年8月，全市通办业务辅助系统正式上线。

2016年营改增"两代"工作，有她忙碌的身影。那是一个个"白加黑"的夜晚，空气中还弥漫着白天炙热的余温，北江两岸的夜色浸没在如水月色中，忙碌的她和"两代"工作小组，在专项工作办公室里，或埋头思索，或沙沙书写，或细心核对……讨论着、测试着、忘了时间的流逝。远远望去，这是一道朴素的风景，这些奋斗在"营改增"工作一线的税务人员的日与夜，让我市提早完成各项测试工作，两代工作顺利开展。

在深化国地税合作中，有她努力的身影。为进一步加强国地税合作，积极探索国地税合作事项共融互通的新态势。她以问题为导向，多次到基层实地听取意见，了解税务人员以及纳税人的需求。2017年初，为了解决国地税数据共享问题，她和征管科、信息科的同事们开发建设了"国地税E网通"，该系统涵盖税务登记、税种认定、税款入库、国地税关键信息对碰等十大功能，在国地税数据交换的方式、频率、内容和使用等方面实现了有效突破，全面提升国地税协同管理的效能。另外，为有效堵塞征管漏洞，她和科内的同事密切联系开发公司，深入沟通国税部门，反复测试修改，在全省率先实现自助办税终端一机征收"一税两费"。纳税人通过自助办税终端代开增值税发票时，可自动从地税"金税三期"系统获取地方税费征收信息，确保增值税和地税附征税费缴纳后方可开具发票，有效提高了发票代开环节中地方税费的征收效率。

她的身影，忙碌在日常案头中，在专项工作中，在加班加点中，在业务讨论中，在同事互助友爱中……其实，她的身影只是无数努力为税收事业添砖加瓦的税务人员的身影之一。就是这样一位普通的税务干部，在平凡的工作岗位上，以高度的使命感和责任感，敬业奉献，用匠心做好一件件平凡小事，在税收改革创新稳步疾行的道路上，与千千万万税务人员一起，不忘初心，奋勇前行。

（清远市地税局　张茂龙）

税务人员长了千里眼？

——电子图像监控系统背后的故事

"小杨，帮我查看下古巷某纳税人土地使用和房产情况。"

"两千六百平方米左右，至少有四层楼高。"

前来开具无违法违规证明的纳税人目瞪口呆："这税务人员莫不是长了千里眼？随口就说出我们公司的占地面积和房产。"

殊不知，为了练就这"千里眼"的技能，潮安区局的小杨同志历时三年、千辛万苦方才修到"初级水平"。

2011年，潮安区局在潮州市地税局业务部门的指导下，率先提出了开发"税源管理图像监控软件"的设想。经过一年多的前期筹备，2012年底与北京国遥电子科技公司合作，通过购买谷歌卫星地图版权，对辖区内工商业户进行定位记录、数据监控，主要应用于掌控辖区内纳税人房产、土地使用情况。

虽遇差错，协作向前

经过一系列协商探讨，图像监控系统离线测试版投入使用，几个月的测试下来，软件基本稳定。区局确定了相关工作方案之后进入了数据采集阶段，这是软件进行有效监控的关键性、基础性阶段，也是整个工作方案中的难点阶段。潮安区局采用的是传统人工实地采集数据方法。以分局为基本单位、区局图像监控工作小组主要成员为负责人的数据采集队伍按照片区划分进行实地记录，数据采集组组长及成员每天背着沉甸甸的手提电脑，到分局落脚。片区税管员负责带路并对各个实际地理位置的纳税人名称逐一说明，不明确的部分则进入厂房询问。小组成员沿路在电子图像上手工定位每个图点的纳税人名称。这项工作不仅要求小组成员能够把图像界面与实际环境进行结合，而且需要税管员的高度配合。

可能是长时间枯燥乏味的实地记录让人失去耐心，可能是信息记录人员急于提高工作效率出了差错，有一次收工回分局核对数据时，分局领导发现当天采集的数据全部有误，"一天的工作白做"，大家像泄了气的皮球瘫坐在分局的办公桌前。负责解说的税管员先开了口，表示自己的说明解释肯定不存在问题，是信息录入时产生了偏差。这一来记录信息的小组成员也坐不住了："我一向都是时不时就跟你校对确定有没有失误偏差啊，怎么发现有误就是我错了？"两个人开始你一言我一语企图辩出失误原因。小组组长感觉夹在中间左右为难。"错了就错了，难免的，重要的是吸取教训，意识到下一阶段怎么避免类似问题，大家心里肯定都希望工作又快又准，失误了也不是故意的，不要再争论错在谁身上。"还是分局领导开口化解了矛盾。

数据采集阶段难在求精准，碰上大夏天炎热气候更是一种艰辛，有时台风天气出于安全考虑不得不暂停工作。在分局落脚的日子，负责人都没得午休，大家中午时间聚在一起说说笑笑，碰上时间赶任务急的时候索性一起加班。每当工作有了突破性进展或是受到肯定，整个团队中甜滋滋的喜悦便冲淡了以往的艰苦，慢慢地这种同甘共苦的经历使团队成员间有了默契与包容，工作开展越来越顺利。

忘我工作，迎难而上

"小陈你过来看看，这里这座建筑，占地面积这么大，而且建了这么多层，不像是住宅，估计是一户隐藏在住宅建筑里的漏管工业户。"

"嗯，不在路边，巷子看起来比较小，不过还是可以大概定位，这里是已经标注了重点税源的××纳税人，隔了两个巷子后大概在同一个点，应该不难找。"

就这样一次偶然的发现，数据采集组也认同了电子图像应用于清理漏管业户的定义，如此一来，感觉项目被赋予了更高的意义，大家的积极性也更高了。

为了让电子图像监控系统及早应用到实际工作中，综合业务组的小杨更是日夜赶进度。除了与软件供应商探讨测试中存在的问题，抽查数据采集的准确性，将数据及时更新共享到各笔记本电脑的离线测试版本上，还必须时常阶段性总结经验及存在问题，将征管系统中实际申报入库的土地使用税、房产税情况导出与图像系统中各分局圈划的面积进行比对，整理出存在较大差距的疑点数据下发各分局供其确认。

长期的饭后加班加点，造成小杨常常感觉肠胃不适，人也瘦了一大圈，同龄的同事打趣他说：脸也瘦了，腰也细了……他都笑而不语——其实他的颈椎也出现了酸疼与不适。他继续默默做着图像监控系统的测试应用。

这一天终于到来。图像监控系统正式在潮安县上线运用，系统产生的数据分析结果也被应用到实际征管工作的考核中，图像监控系统的工作团队倍感欣慰，同时也不忘继续做好系统数据更新、维护工作。2014年，借助图像监控系统查补漏征土地使用税、房产税，全年土地使用税比2013年增收1 200万元，房产税增收530万元。

经过几年的发展，税源图像监控系统如今已经在全市国地税系统中广泛应用，形成一张集纳税人位置、房产、土地、用电、燃气使用量、档案号等信息于一体的巨大信息网，还开发出与微信定位相关联、支持智能路线规划的手机App配套应用软件，在数据质量清理、日常征管运用、税源管理分析等方面都发挥了极其有效的作用，成为一道横跨数据治税与基层一线管理的巨大桥梁，为促进辖区税负公平、增强纳税遵从度做出了不可磨灭的贡献。

（潮州市潮安区地税局　李幼芬）

一路鏖战一路歌
——记惠来地税数据搜索引擎建设团队

在惠来县地税局，有这样一支团队：当夜深人静的时候，他们还在挑灯奋战；当人们还沉浸在周末早上的美梦时，他们早已在办公桌前加班加点；当其他人与亲友欢聚畅聊时，他们还在激烈讨论着一个个棘手的问题……

他们就是惠来地税数据搜索引擎建设团队。为顺应"数据管税"趋势，惠来地税着手建设数据引擎搜索项目，为大数据时代下更好运用各类数据开展税收征管和分析提供可靠的信息支撑。这个由14名业务骨干组成的工作团队，为打赢打好这场征管信息化攻坚战，凝聚力量、奋力拼搏，用激情和担当，一路鏖战一路歌！

业务需求组的"主心骨"

盛夏七月的深夜，酷热渐退，惠来县地税局机关大楼静谧安详，征管股依旧灯火通明，征管股股长林江森正与业务需求组的几位同志一起，对系统搜索数据来源范围、搜索人员权限、数据关联性、搜索界面设计、个性化搜索功能等系统功能进行反复调整和推敲。林江森同志是惠来县局平台开发建设的领导小组成员，同时兼任业务需求组、开发实施组负责人。2017年4月份项目启动以来，从系统需求调研、业务需求论证、功能设计，到形成业务需求文档，他带领同志们连续作战，加班加点，多次深入基层一线，组织各基层单位对系统开发的初步设想进行多方论证；多次跑市局业务科室，争取业务和技术上的支持与帮助；多次召开研讨会，针对每个具体需求功能点和个别存在重大分歧的意见进行深入的分析和解剖，充分发挥团队作战作用。负责数据采集的小罗说："林股长业务熟悉，遇事不慌张、有担当、有办法，能激发每个成员最优秀的一面，创造最大的价值，是我们需求组的'主心骨'。"

开发实施组的"学霸妹"

"陈经理，麻烦您把数据搜索引擎项目的开发方案发给我，我们要做可行性评估！"开发实施组小蔡刚参加完全市系统征管业务骨干培训班，便马不停蹄地赶回单位，立刻投入工作。小蔡是2015年新入职的公务员，别看她年纪轻、个子娇小，工作上却是风风火火、谦虚好学。此次被抽派到开发实施组，她充分发挥曾在基层征管工作一线、熟悉"金税三期"系统、社保系统、涉税数据综合利用平台业务操作的优势，及时跟进软件公司系统开发，进行功能和集成测试等工作。小蔡家在外地，平时周末才能回家，但自从参加引擎项目开发之后，已经两个多月没回家与家人团聚了，她说："现在已经习惯了没有节假日的工作节奏，虽然没能回家，但一有时间就会与父母通电话、视频聊天。年轻就要拼搏，相信爸爸妈妈会理解的！"

网络安全组的"准新郎"

在大数据时代背景下，网络安全是税务信息化建设的生命线，因而该项目网络安全组肩负重任，主要负责审核把关系统安全性、合规性的相关设计及实现，组织开展系统的安全等级保护测评工作，为数据搜索引擎项目顺利推进提供有力保障。计算机专业毕业的小蓝是网络安全组的一员，他负责全程做好网络信息安全基础设施的监管工作，由于时间紧、任务重，眼看婚期一天天临近，为了不耽误工作，他毅然把婚期往后推。幸亏同是地税干部的"准新娘"十分理解和支持他的工作，并经常鼓励他："安心工作，等项目顺利上线的那一天再举行婚礼，这比任何厚重的彩礼更有意义！"

后勤保障组的"三好男人"

老方是团队里年龄最大的，他从事办公室工作三十多年，工作细致认真、尽责尽力，在单位里人缘好，大家都很尊重他。生活中他是家里家外的"一把手"，爱人在医院工作，经常上夜班，他便义无反顾承担起照顾老人、接送孩子的责任，把家里打理得井井有条，一家和睦美满，其乐融融。同事都笑称他为"三好男人"，去年他们一家还被县妇联评为"五好家庭"。老方亲眼看见团队里的青年骨干每天埋头苦干，毫无怨言。说起这帮年轻人，老方不由得竖起大拇指，由衷地说："他们肯干事、会干事、敢干事，有摸着石头过河的勇气和决心，特别是这种舍小我、为大我的忘我精神更是值得我们学习！"

是的，正如老方所说，这支队伍里面，像这样舍小我、顾大我的同志还有很多：有克服孕期的种种不适，坚持与大家同加班、同工作的"准妈妈"；有废寝忘餐、带病坚持工作的"小年轻"；还有勇挑重担、兢兢业业的"老革命"……深夜灯火通明的办公室，电脑前一双双熬红的眼睛；匆忙的脚步，频繁的讨论，认真的推演，无处不闪耀着惠来地税精神的光芒——尽责、协作、包容、进取。他们仍忙碌着、奋斗着、前进着，为了税务数据搜索引擎建设开发项目，不畏艰苦，砥砺前行！

（揭阳市惠来县地税局）

"营改增"战壕里的女中豪杰

　　她叫胡海雪，是新兴县地税局征收管理股的一名普通科员。海雪，乍一听这名字，满是浪漫的诗意，想必是一位柔情似水的佳人？可是，认识她的人，都知道她是局业务队里的女中豪杰，有一股辣味与拼劲。"金税三期"系统上线，她走在最前面；"全市通办"系统上线，她担任主心骨；在"营改增"大战中，她是不折不扣的业务台柱。拥有如此突出的成绩，须眉也自叹不如，她的背后依靠着何种神力？没啥，不过是脑子多动一会、苦多吃一点、活抢先干一步……

独有魄力，雷厉风行

　　所谓"营改增"，到底有多少活呢？这里有一连串的业务清单：数据核对、业户迁移、税控盘的安装、增值税发票的领用、预生产环境的开票测试、政策的解读融会、真实环境的发票开具、二手房交易评估系统的更新、前台征收人员的培训、税户的政策宣传、舆情的监控、应急方案的制订……如果是一年半载的任务，完成它，大概不难。但仅有多则15天、少则10天的限定时间，你会怎么应对？是不是深感分身乏术、压力重重？这多如牛毛、无分轻重，每一样都是重要紧急的任务，排山倒海般落在胡海雪的肩上时，她的第一反应便是：别拖，立马干！

　　经历过"金税三期"系统上线、"全市通办"系统应用的她，肩负着上传下达、左右沟通的重任，深知抱怨、逃避、消极应对无济于事，唯有以强大的心魄，勇敢面对，沉着前进。白天，她按着日程表，手脚并用、双脑并行，交叉开展着清单中的各项任务。晚上，她调整心绪、静下心神，认真地处理塞满了邮箱的文件、通知，陪伴她的唯有天上寂寥的星星，还有一身说不出的疲倦。

全力以赴，精益求精

"若不全力以赴，不如不做！"她如是说。譬如，2 500多户"营改增"业户的信息核对工作，核对的信息包括纳税人识别码、纳税人名称、法人名字、行业、税收……一页页花花绿绿的页面，横向、竖向无限延伸的信息记录，是她，睁着鹰眼般的眼睛，把毫末差误也给瞄个清楚。

地税窗口人员的"两代"业务培训本由县国税部门实施，但想到自己更熟悉朝夕相处的同事，知道怎么讲他们更容易接受，于是她自告奋勇啃掉了20多份、总字数超过五万的文件，练习操作了五十多遍"两代"业务的操作流程，并对各种可能发生的问题进行研究，对相关的对策做到了如指掌、心中有数。培训当天，她凭着一块小白板、一支大黑笔，循循善诱剖解政策、演示流程、强调注意事项，紧接着机上操作演示，一步一步指导，到了关键环节还不忘反复强调。集中学习完毕后，便由各人独自操作。这个时候，空气里除了"营改增"的浓烈气息，便是"雪姐、雪姐……"的求助声此起彼伏，她像陀螺一样满满能量地运转着，直到新兴县局开出了全市地税系统第一张增值税模拟发票，前台各人均成功开具了两张模拟发票！

成绩斐然，谦虚共享

成绩不止于此，"营改增"期间，她主讲的培训班2期，由她整理的征管操作指引8份，经她研究解决的疑难杂症30多个，先行先试开具的发票35份、作废的发票35份……在短短的不足20天时间里，这一连串的成绩，凝聚了她的汗水、心血与智慧，这为新兴县"营改增"顺利过渡打通了关键要塞。

对于这份成功，率真的她把功劳归结于奋战一线的全体"队友"。她说："这里不但有上级局的业务指导、局领导的支持、国税的协助、兄弟单位的分享，还有同事们齐心协力的攻坚克难，正是有了一支能吃苦、肯钻研的团队，我们再苦、再累，也充满着热情与信心，无所畏惧地超越进取、追求成功。"

并肩作战，相互扶持

在"营改增"这场没有硝烟的攻坚战中，胡海雪全身心扑在了地税系统的前线，而她的丈夫刚好就职于县国税局税源二股，所承担的"营改增"任务一点也不比妻子的轻。 这期间，夫妻俩没有休过一天假，连晚上也待在单位，彼此连话也说不上两句。对于这段没日没夜的奋战时光，夫妻俩毫无怨言，仅有的只言片语无不是给对方支持和鼓劲。胡海雪说："我家是名副其实的国地税合作，夫妻俩能够并肩作战参与这项历史意义重大的改革事项，我们深感无比的光荣和自豪！"

新兴地税的脂粉英雄、女中豪杰，没有空洞的口号、漂亮的言辞，只有兢兢业业的实干、默默无闻的奉献，用勤劳的双手、无穷的智慧，还有热诚的团队精神，扬起了新时代女性的耀眼风采。

（云浮市新兴县地税局　梁　雁）

躬耕"金三"，脚步向前

　　"温恭自虚，性情真挚，责任心强，技术出众"——他就是横琴地税同事们口中的"庆翌哥"，1975年4月出生于珠海市，1996年7月毕业于汕头大学计算机专业，同年8月份进入珠海市地税局信息科工作，2011年被调到珠海市横琴新区地税局收入核算信息科工作，从此与横琴地税的同事们一起并肩作战，扎根横琴，服务横琴。林庆翌为人老实忠厚、做事踏踏实实、家庭美满幸福。在工作中，他一直默默奉献自己的一份力量，一路走来，他的心始终不变，脚步一直前进。

一、不避难，勇挑重担

　　他工作责任心强，做事认真负责。曾先后全面负责进行六批征管信息系统数据清理。"他在数据清理方面可以称得上专家和功臣了，看似平凡却经常在关键的时刻挺身而出。"同事们这样评价"庆翌哥"。在不少同事心中，有这个高手在，无论遇到什么问题，他们的心也很安定。无私的敬业精神和出众的数据技术使他自然成为"金税三期"数据任务的不二人选，对于上级安排的任务，他不逃避，勇挑重担，毫不犹豫地服从组织安排，克服自身和家庭的困难，承担起横琴新区与珠海市局、广东省局交付的工作责任。

　　在"金税三期"这场战役里，他不服输、攻坚克难，处理数据迁移、数据初始化、环境准备、本地特色软件接入、差异化分析与业务优化、压力测试、电厅改造、技术支援……他心里明白上线工作一旦出现问题，就无法向领导交代，更无法向纳税人交代。在他眼里，税务工作总是第一位的。

二、不厌烦，细致负责

挑起重任后，作为区局信息业务的骨干和"金税三期"系统上线团队的核心成员，他面对成千上万的数据，只要可以手动修改的都一一更正，不厌其烦；不能自行修改的，用SQL命令从数据库里批量查询，整理文档，发送省局。面对枯燥乏味的数据，他使自己时刻保持清醒的头脑，及时与上级进行沟通解决。他乐于推动工作创新，解决了大量基层操作类问题，提高了"金税三期"系统运维效率。

几个月来，他与珠海市局"金三办"其他同事先后进行六批次征管信息系统数据维护，清理数据超38 000条。他有很强的团队合作精神与合作能力，与其他同事一起协作，协同推进"金税三期"系统的开展，坚持理性分析问题，寻求最佳解决方案，一方面自己刻苦学习，琢磨信息技术问题，另一方面虚心向同事请教，提高自己的信息技术水平。在"金税三期"系统上线这段时间的工作，他积累了丰富的数据处理经验，锻炼出缜密的逻辑思维和过硬的业务技术，让他在以后的工作中都游刃有余，更有成熟的心智及坦然面对困难的从容。

三、不纠结，全面统筹

2015年1月8日，"金税三期"系统正式对外开放，战场亮剑。为充分调动全局力量，扎实有序地开展各项工作，他高度重视，勇于担当，连续蹲点横琴办税厅，统筹协调处理好每件事。全面统筹负责是件"苦差事"，需通盘考虑，把准备工作做得更充分一些。既要远程统筹收入核算信息科工作，又要亲自指导窗口业务，每天都需要协调许多人和事。横琴岛距离机关办公地点远，光路上就要花上一个多小时的时间，但是他仍坚持与管理二科征收前台全体同志一起加班加点，他无时不在关注电子办税服务厅、税源控管系统、发票在线系统、社保费征收系统等的使用情况。这也是他心中的一个"金税三期"系统上线愿望：准备工作再充分一点，问题解决再快一点，系统运行更顺利一点。

当初与林庆翌共事的前台办税人员记忆犹新地说道："庆翌哥亲和力很强，是个'老师傅'，指导时每个细节都会细心提点，不急躁，小事不纠结，大事不胆怯，能力很全面，对业务、对事情的判断很到位"。在同事们看来，林庆塑完全是一个爱岗敬业、忙并快乐着的模范，每当大家夸他时，他总是打趣地说道："一朵鲜花点缀不出绚丽的春天，一个音符难以谱写动人的乐章，都是大家齐心协力的功劳，大家一起加油！"

现在一谈到"金税三期"系统，他总是意味深长地说："仿佛重返十年前的大集中岁月，激情、热情填满了这个过程，为了同一个目标奋斗，我很快乐。"如果把"金税三期"事业比喻成一块待耕的农田，那么横琴地税局的林庆塑就是一位辛勤耕种的农夫。

因为热爱工作，所以乐业，因为乐业，所以忙碌中洋溢着满满幸福。

（珠海市横琴新区地税局　周小利）

感言·顺势而为，拥抱创新

税务人感言

余振荣（广东省地税局稽查局局长）

欲善其事，先利其器。在税务稽查现代化的广阔蓝图里，信息化应是其中关键。广东地税推进稽查信息化走向纵深，尤其近年办结的大案、要案无一不是信息化在提供强力支持。不管是大数据精准选案、电子化数据取证、涉税疑点智能分析、远程执法同步指挥，还是规范执法过程全记录等等，这些信息化的成果转化，对稽查的影响日益广泛。未来，信息化技术日新月异，将不断深入地影响税收治理的方方面面，今后我们将继续以信息化为引领，大力推进稽查现代化。

周昊（广东省地税局信息中心主任）

回眸广东地税信息化发展之路，1996年明确全省统一设计开发征管软件，1999年1月GDLTIS 2.1在中山全市上线，2000年GDLTIS 3.0实现市级集中，2001年粤东西北10市GDLTIS系统省级物理集中由省局托管可以说是云计算IaaS理念的萌芽，2002年马不停蹄开始"大集中"工程的论证规划，2005年底"大集中"工程在全省全面上线，2007年立项实施信息资源整合工程，2010年"统一工作平台"等一系列信息资源整合的工作成果落地，2014年全力配合国家税务总局打造出"金税三期"系统优化版，2015年联合省国税共建电子税务局……作为从1997年开始参与到广东地税信息化工作的一员，不禁深深感概，这中间的每一步都凝聚着广东地税人敢为人先的创新精神和自觉践行信息资源整合共享的全局理念。在新发展理念的指引下，国家层面正大力推动政务信息系统整合共享，云计算、大数据、人工智能的发展从技术上提供了更多的可能性，国税地税征管体制改革更为税收的一体化管理扫除了业务上的障碍，税收数据全国集中处理的趋势越来越明显，这一切为我们提供了全新的机遇和挑战。我相信广东税务人一定能够把握新时代的脉搏，迅速认识变革、适应变革、引领变革，继续勇立潮头，在税收征管和信息化工作方面做出更多开创性的工作。

李友乔（广东省地税局征管和科技发展处副处长）

思想是行动的先导和指南。广东地税税收征管的每一步发展、每一次飞跃，无一不是广东地税人解放思想、转变观念的结果。新的时代，税收要实现从高速增长向高质量发展转变，必须进一步深化税收征管改革，切实转变税收征管方式，最关键的还是要进一步解放思想、转变观念，树立以人民为中心的思想，树立现代税收管理理念。

马世超（广州市地税局党组成员、总会计师）

改革创新是广东最突出的特点和优势，也一直是广州地税人的精神特质。我们要向改革要空间、要动力、要活力，要进一步认准改革方向、紧抓发展机遇，主动将税收改革工作放到全省、全市的大局中考量，让广州地税再次乘着新一轮改革发展的春风，在新的更高的平台上开创地税事业新格局。

广州地税新一轮征管改革主要通过转变征管方式、强化信息化建设、创新纳税服务等手段，促进营商环境的优化；通过构建管户、管事、管数、管风险、管质效"五管结合"的新型征管模式，努力实现"一局两端、三合四化"的目标。

"一局"：打造一个智慧型税务局；

"两端"：实现前端便捷办税和后端智能管税；

"三合"：实现服务与管理的融合、业务与技术的聚合、机构与职责的整合；

"四化"：实现税收征管的规范化、专业化、精细化和智能化。

谢政（广州市开发区地税局党组书记、局长）

为破解征纳双方信息不对称难题，防范执法廉政双风险，广州开发区局锐意创新、因势利导、大胆探索，利用信息化手段，从系统开发、设备配置、制度制定、约谈室建设、软环境营造等各个方面，形成了一套相对完善的执法全过程记录制度体系，一方面可以记录监督税收执法人员的执法行为，促进税收执法更透明、更公开、更规范；另一方面可以对纳税人形成强大的震慑力，提升纳税人的税法遵从度，降低税收执法人员的执法风险，有效地维护征纳双方权益，为省市局推行"三项制度"试点工作先行先试、积累经验，进一步健全依法治税、改革兴税、信息管税新机制，在税收现代化的征程上不断取得新突破，迈出新步伐。

谢汝铎（广州市地税局大企业税收管理局党组书记、局长）

广州地税大企业税收管理着力构建以"集团管理"为核心的新型征管模式，将同一集团在广州市（南沙除外）的所有成员单位归口至同一部门管理，并通过纳税服务、数据管税、税收执法、风险管理等多种征管手段的融汇配套运用，不仅有效解决了以往多头管理下对集团管理不到位，执法不一致，服务不到位的诸多弊端，而且还实现了服务宽度融合、信息深度糅合、执法高度整合、风险梯度切合的显著效果，有效提高了征管质效和服务水平，开创出具有广州地税特色的大企业税收服务和管理工作新局面。可以说，抓住集团核心，以集团层级管理和税收风险管理为导向，发挥乘数效应，是地税部门"金三后"时期大企业征管工作的有效突破口。

骆艺文（广州增城区地税局党组书记、局长）

为进一步加强和规范新常态下的税收征管工作，增城地税结合自身的区域特点，提出以"前台服务办事，后台风险管理、日常管理管事、纳税评估管户"为指导思想，大力开展征管改革。经过两年探索实践，增城地税通过试行纳税服务分局管理全区办税服务厅，实现纳税服务统一化规范化管理；调整纳税评估局为全局风险监控中心，扎口任务推送；将一个基层管理分局职能调整为专业应对局，集中骨干力量应对高风险事项，初步实现"纳税服务、风险导向、评估约束、稽查惩处"的税收征管新方式，形成专业化与区域化管理相结合的税收征管新格局。

朱忠寰（广州市地税局征管和科技发展处处长）

当前，随着科技的迅猛发展，我们正步入一个全新的智能时代。对正在向现代化迈进的税收工作而言，智能时代的来临，既拥有难得的机遇，也将面临严峻的挑战。税务机关应该顺势而为，改变传统管理模式，主动作为，进行由内及外、脱胎换骨的大变革。通过调研和思考，我们认为，只有摒弃传统人海战术理念，应用信息化、大数据、云平台的增值作用， 集智众创，积极推进智能管税，才能真正实现税收征管现代化，才能跟上瞬息万变的时代发展步伐。

邝景伦（珠海市地税局党组成员、副局长）

大数据时代税收治理的核心是涉税信息的采集、分析能力。大数据带来的信息网络化，使税务机关的数据终端最终能够实现与企业、其他政府部门、金融机构联网，大大拓展了数据的可得性与即时性。珠海市局深入落实国务院"互联网+政务服务"相关要求，充分利用大数据实现与市不动产登记中心信息实时共享，全国首创"房地产交易智能办税系统"，在全国率先实现了自然人存量房交易中的不动产权证、房地产买卖合同、购房发票、契税税票、按揭合同五项资料通过数据共享方式获取。不涉及减免税的业务，买卖双方只需提供身份证便可办理过户。纳税人只需网上申请，审核通过后即可自主预约办理时间和选择就近办税服务厅办理。每宗二手房交易办理时间，由过去约1小时缩减至现在约10分钟，有效提升房地产交易税收服务和管理质效，在加快落实省局关于构建电子化办税、大数据管控、全过程服务、智能化提升的基于互联网生态的新型征管模式方面做出了扎实的实践探索。

张振宇（汕头市地税局党组书记、局长）

大数据时代，涉税数据是最重要、最宝贵和最有效的征管资源。掌握了核心数据，就牵住了税收工作的"牛鼻子"；实现信息技术与税收业务的深度融合，就抓住了税收工作的主动权。也正是基于这一认识，近年来汕头地税大胆启动实施"5+1"六税一体化控管工作，从"零"起步，从"无"到有，逐步探索、逐渐成形，努力走出了一条数据管税、综合治税、互联互通、共管共赢的地方税收征管工作新道路。

百舸争流，破浪者领航；千帆共进，奋勇者当先！汕头地税将在全省地税信息化工作会议精神的指引下，坚定不移朝着把"5+1"不断拓展为"5+N"，并最终建设成税费一体化控管平台的目标砥砺前行。

甘文华（佛山市地税局征收管理科）

近几年征管改革不断，新事物层出不穷。我们常在思考，如何能不止"做出"一些事情，更能"做好"一些事情呢？《曾国藩家书》中的一句话："凡人为一事，以专而精，以纷而散。"此"专"意为"专心"，然在日常工作中，征管工作繁杂，改革求变开头易而深化难。作为征管人，虽难以左右工作的现状，但我们时刻注意端正态度，力求专注于每项工作的开展，做到为一事，以专求其精，知难而行，锲而不舍。

罗伟民（河源市地税局党组成员、总经济师）

自1991年参加税务工作以来，我见证了广东地税征管和信息化工作的全过程：经历了国地税机构分设初期白手起家、手工收税的创业艰难，参与了广东地方税收征管信息系统3.0版、"大集中"系统、多渠道办税应用系统、发票在线应用系统以及"金税三期"系统优化版等系列信息化系统上线推广工作，推动了地税工作向信息管税、依法治税的深刻变革，促进了新时期基于互联网生态的税收信息化发展。地税因改革而生、因创新而兴，在强化征管和信息化建设的带动下，广东地税实现了组织税收收入规模由1994年的184亿元到2017年6 346亿元的巨大飞跃，我们走过了一条艰难的创业之路、持续的改革之路、辉煌的发展之路。

廖永新（梅州市地税局党组成员、副局长）

二十多年的征管和信息化工作实践表明，做好征管和信息化工作归根结底是人才培养的问题，尤其缺乏有新思维、敢作为、懂业务的复合型人才。面对"互联网—移动互联网"变革浪潮带来的巨大挑战，以往的税收工作经验和方法可能不灵验、不管用，传统的"公文+邮件"赶不上"手机+微信"的传播速度，传统的工作时间由"5×8"变成"7×11"，加班和抽调变成了家常便饭……为此，我们建议要创新工作思路、创新人才培养和使用的工作机制。

贺中华（惠州市大亚湾区地税局管理一科）

第三方涉税数据共享应用是加强税收风险管理的有效手段。抓住了涉税数据应用这个牛鼻子，就能促使税源管理由经验型粗放模式向数据化精确模式转变，从而有效堵塞征管漏洞，防范税收执法风险，提高纳税遵从度。

罗镜文（中山市地税局党组书记、局长）

这是最好的时代。三十年前，我们骑着自行车、栉风沐雨去收税；现在，纳税人坐在家中动动手指，便可足不出户缴税交费。税收征管创新日新月异，税收信息化建设蓬勃发展，在给纳税人提供更加优质、便捷、高效办税服务的同时，也对我们税务干部提出了新的使命和更高要求。我们必须把握新时代机遇，乘势而上、顺势而为，主动拥抱"移动互联网+"的时代大潮流。今后一段时期，我们中山地税人要以信息化为引领，积极构建基于移动互联网生态的新型征管模式，全力开创征管发展新局面，不断刷新税收工作新境界，为全省、全市经济社会发展大局贡献更多税务力量！

吴文杰（东莞市地税局党组成员、总会计师）

税收信息化是建设现代化税收征管体制的重要支撑，也是转变税收征管方式、提高税收征管效能的主要依托。当前，正值我国大力推进税收现代化改革之时，税收信息化当勇立时代潮头，引领科技兴税的浪潮。东莞地处改革开放前沿，东莞地税人秉承"敢为人先"的精神，紧抓历史机遇，积极利用信息化手段开创税收现代化新局面，从开出全国首张在线发票，到全国首创O2O办税新模式，再到"国地通"智能办税系统，东莞地税始终奋战在改革第一线。继往开来，我们不忘初心，牢记使命，有信心、有决心走出一条不断提升税收信息化水平、推动税收现代化的道路。

陈子杰（江门台山市地税局党组书记、局长）

随着我国经济的高速发展，使我国的税收管理不断面临新的形势和挑战，要求税收管理必须适应时代需求，大力推进征管信息化建设，为税收现代化建设提供有力支撑。

周文岳（江门开平市地税局党组成员、总经济师）

开平市局在税收征管领域推行管事模式，就是采用大数据分析手段，对核心征管数据等进行综合分析，以涉税事项为基本的业务运作单位，其目标在于构建依托数据分析的风险管理格局，在征管实践中逐步形成专业化优势，从而实现征管质效和纳税服务水平的可持续提升。

王振义（阳江市地税局党组成员、副局长）

今后一段时期，阳江地税将顺应改革潮流，抓住发展的机遇，重点做好以电子税务局为主体、打造面向纳税人的智慧服务体系；以数据资源库为基础，大力推进数据管税工作；以业务保障体系为支撑，促进税收业务智能化发展和提升。树立创新机制、数据驱动、服务引领新思路，敢于担当，主动作为，持续优化创新和突破，在信息化和大数据时代背景下，努力实现税收征管改革的新局面。

刘建江（湛江市地税局信息管理科科长）

二十年如一日地在湛江地税从事信息化工作，我最享受的感觉就是平静。在某个项目完成之后，某个系统上线之后，某个故障排除之后，网络系统高速稳定地运行。长时间的聚精会神之后，终于松了一口气，享受那种尘埃落定、井然有序的平静。无论背后的工作多么艰辛，付出多少不眠不休的日夜，当看到税务工作者和纳税人稳定安全、简便快捷地使用我们的信息系统，那种有条不紊、驾轻就熟的工作场景，都会让我们无比满足与欣慰。

黎康华（肇庆市高要区地税局党组书记、局长）

税收征管信息化的必要性是众所周知的，但是如何把信息化征管手段应用在基层税务部门和一线征收前台的工作中，则需要开拓思路、大胆尝试。在一次次的创新和实践中，我们发现，基层税务部门信息化征管的目标并非一味做到高深莫测、晦涩难懂，而应实现"傻瓜式"的应用。通过人性化的设计和信息化的手段，让系统越来越智能，操作越来越"傻瓜"。办税变得轻松简单、便捷高效，打通服务群众的"最后一公里"，纳税人满意度自然提高。

徐杰（清远市地税局党组书记、局长）

党的十八大以来，习近平总书记就全面深化改革发表一系列重要讲话，强调各级主要负责同志要自觉从全局高度谋划推进改革，做到求真务实，把准方向、敢于担当，抓实工作。作为清远地税一把手，我主动承担改革主体责任，亲力亲为抓改革，在省局党组正确领导下，积极服务地方经济社会发展大局和广清一体化战略，在全省率先推行以税收专业化管理为核心的县域税收征管模式改革和全市一级稽查体制改革，全面推广涉税（费）事项全省通办，深化应用"互联网+税务"，积极构建适应清远地税特点的基于互联网生态的新型征管模式，让纳税人实现足不出户、轻松办税。

姚汉南（揭阳市惠来县地税局党组成员、总经济师）

我们正处在一个互联网信息飞速发展的时代，身边的所有事物都越来越离不开互联网，现代税收工作同样也离不开互联网，正如国家税务总局王军局长所说："不热情拥抱和主动融入'互联网+'，税收工作就没有希望，也没有未来，税收现代化更是无从谈起！"依托信息化手段，利用互联网超越时间、空间和形态限制，大力推进网上办税、自助办税和移动办税，把实体办税服务厅主要业务移植到线上，推动线上线下融合发展，让纳税人"多跑网路，少跑马路"。没有税收征管信息化手段的应用，以传统的方式处理现行的数据量那将是无法想象的，征管信息化改变了我们的工作思路、工作方法，在便利纳税人的同时，也极大地提升了税务机关的征税效率。

赖静花（揭阳市地税局征收管理科）

随着互联网如同空气、水、电一样无处不在地渗入我们的工作和生活，新的数据每天均以指数级别的加速度产生，一个以对海量数据进行专业化处理实现数据增值的大数据时代正迅速向我们走来。置身大数据时代的我们，如同一个个由数据组成的透明人，每一个行为都有迹可循。"金税三期"系统、涉税数据利用平台、税收执法全过程记录等逐渐让一个个执法行为暴露在阳光下；国地税数据共享、风险数据比对、纳税信用管理等逐渐让纳税人一个个违法行为无处躲藏。信息时代催生了大数据时代，大数据时代也必将催生信用时代。彼时，你我共同烦恼的征管难题，共同努力提高的纳税人遵从度，都将迎刃而解。你好，大数据。

蔡绍贤（珠海横琴新区地税局数据管理科）

庞大的涉税数据库就如同一座充满了无限财富的宝库，正等待着我们探索和开发。身处税务系统大数据时代，我们一要转变观念，数据应用不再只是信息专业技术人员的工具，而是税源管理和风险管理等日常业务的必要手段，是实现税收管理现代化的必经途径；二要重视数据质量问题，高质量的税收数据是高效开展各类税务工作的基石，既要从系统顶层设计、标准规范等方面做好数据校验和技术把关，也要结合提升税务人员能力和提高纳税人遵从度等工作。

纳税人感言

马化腾（腾讯公司董事会主席兼首席执行官）

微信办税体现了广东地税主动变革和创新的决心！

纪楚惠（龙光地产汕头区域公司财务总监）

近年来，地税局很多创新举措给我的工作带来了极大便利，例如推广电子税务局、微信办税、电子税票等，其中在2016年推行的全省通办让我感触最深。以前，要在公司的主管税务机关窗口申报纳税，而我是公司的财务总监，很多纳税申报需要我亲自把关，因我需经常出差，每月纳税申报期内不在汕头是家常便饭，这就给我的工作带来诸多不便。有一次纳税申报期内前一天我还在外地出差，为了在申报期内签署申报资料，避免影响公司的纳税信用，我不得不在凌晨6点心急火燎地从深圳赶回汕头，非常疲惫。但广东地税实施全省通办以后，我无须再长途奔波，只要在出差地签署申报资料，交给下属到当地地税局的"全省通办"窗口办理申报即可，方便快捷。感谢广东地税想民之所想，办民之所需，我要为广东地税点赞！

冯永文（广东省骏景湾房地产开发有限公司执行董事、江门市政协委员）

这两年，我发现国税与地税之间、税务部门与其他部门之间的合作融合力度很大，税务工作人员从业务上实现了从只负责某项业务的"专科医生"向"全科医生"的转变。现在税务部门还开通了手机微信办税等便民渠道，这很符合年轻人的生活习惯，预约预受理系统的上线也把我们的时间节省了不少，让纳税人减少走"马路"的时间，这些都确实是很便民的举措。

冯女士（广州华润物流有限公司财务人员）

真快！以前我们办税，要在国税、地税来回奔波一整天，事情还不一定能完成。现在随便进一个税局办税大厅，排一次队，几分钟就可以完成所有业务。

颜彩燕（广州市广财咨询服务有限公司经理）

这几年办税给我最大的体验就是"快"。通过统计我们公司代理企业的涉税业务情况发现，普通销售企业涉税业务平均办结周期从39小时缩短至7.5小时，办理速度越来越快，不仅为企业节省了时间，也为我们释放了人力资源。

廖建雄（格力电器股份有限公司财务总监）

以2015年5月数据为例，当时格力电器及下属6家公司到直属分局办税厅认证的发票抵扣联超过1万份，验旧发票超过7 000份，办税业务量非常大。当时公司距离辖管的珠海国税直属分局2公里，一个月来回多次，资料没带齐的话次数还得增加。电子税务局上线后，打破了时间、空间距离，我与办税厅的距离进一步缩短成了与电脑的距离，不到2米！

李经理（某外资银行企业中层）

有了微信办税，不用再去排队，不用提供资料，系统自动有我的个税申报资料，只要绑定自己的银行卡，办税缴费一键成功，真是太轻松了！

陈小姐（Q房网中介人员）

以前我到前台办税时总是心急火燎，生怕资料不齐还要来回跑，起码花几个小时，现在通过网上预审、预约，就算接到资料审核不通过的短信，用微信上传不到半个小时就搞定，方便多了！

吴先生（珠海怡景湾大酒店的财务总监）

以前开具企业所得税完税证明，必须到办税服务厅长时间排队等候。如今，在家动动手指，就能通过广东地税微信公众号打印出完税证明，如此省时高效，我要为地税机关的服务点赞。

陆先生（东莞市某机械公司会计）

以前办理税务登记要排队等，现在坐在家里等EMS快递送上门，这种办税服务实在方便！

张小姐（在珠海横琴自贸区购买房产的澳门居民）

打开手机登录横琴地税V-Tax远程可视自助办税系统，轻松搞定契税申报，就跟在办税服务厅窗口办税一样，真是太方便了！

附　录

省级调研报告目录

新闻报道目录

1. 《努力在深化国税地税征管体制改革中继续走在前列》（《南方日报》2016年5月5日A04版）

2. 《广东绘就税收现代化"全景式"改革蓝图 》（新华网广东频道2016年5月11日）

3. 《广东税务部门携手腾讯开拓"互联网+税务"业务》（《中国税务报》2016年6月15日A01版）

4. 《国地税合作从"线下"走向"线上"　广东电子税务局上线试运行》（《中国税务报》2016年7月1日A01版）

5. 《税收征管深改消"痛点" 广东速度获点赞》（《南方日报》/金羊网2016年9月21日）

6. 《广东地税微信办税获奖》（《中国税务报》2016年11月7日A01版）

7. 《广东地税局 推行办税事项全省通办》（《中国税务报》2016年12月5日A01版）

8.《广东电子税务局 实现全省通办国地税业务》（《中国税务报》2017年1月6日A01版）

9.《我省税务部门数字证书全面互认 可通办国地税业务》（《南方日报》2017年2月22日A06版）

10.《实名纳税人92项业务无纸化办理》（《中国税务报》2017年6月5日A02版）

11.《广东地税将信息化成果转化为纳税人获得感》（《中国税务报》2017年6月20日A04版）

12.《17 158家大企业享专属服务》（《南方日报》2017年7月14日A06版）

13.《广东地税：网上新平台 办税新体验》（《中国税务报》2017年8月21日A01版）

14.《税收征管迎"嬗变" "广东模板"见成效》（《羊城晚报》2017年8月28日A4版）

15.《广东地税拟实行实名办税》（《羊城晚报》2017年9月16日A2版）

16.《广东地税创领移动智能办税新时代》（《羊城晚报》2017年10月27日A16版）

17.《广东发布自然人税收管理办法 纳税人按收入资产分两类 明年起实行分级管理》（《羊城晚报》2017年12月12日A4版）

18.《税收"硬举措"提升发展"软实力"》（羊城晚报2018年4月4日A4版）

19.《打造基于互联网生态的征管样式》（《中国税务报》2018年4月9日A01版）

大事记

1994年

7月28日，广东省地税局正式挂牌办公。

9月9日—9月10日，省地税局会同省国税局召开部分市、县征管工作座谈会，讨论研究机构分设后税收征管分工问题。

12月5日，省地税局向省政府呈送《关于请求理顺中央和地方税务机构征管关系的报告》。

1995年

1月10日，省国税局、省地税局联合转发《国家税务总局关于中央、地方两套税务机构建立后税收征管有关问题处理意见的通知》（粤税联发〔1995〕003号）。

6月28日，全省地方税收征管工作座谈会在深圳召开。

11月7日—11月19日，全国人大财经委检查组到省地税局检查1994年我省税收情况和《税收征管法》的宣传、贯彻执行情况。

1996年

6月17日，省地税局成立"全省地方税收征管改革领导小组"。

12月9日，省地税局、省国税局联合印发《关于建立信息交换制度切实加强个体税收征管的通知》（粤国税发〔1996〕443号）。

1997年

1月1日，全省使用具有统一伪防措施的新版普通发票。

1月25日—1月30日，省地税局举办全省地税系统GTNS软件(基层税收网络信息系统)首期培训班。

5月29日，广东省地税局和中国科学院计算机技术研究所正式签约，合作开发"广东地方税收征管信息系统"。

9月17日，省地税局征管处与江门市局组织研究开发的电子申报系统（采用电话、传真、电脑、电子申报器进行纳税申报）在江门市局直属分局试行成功。

12月5日，省地税局与美国SYBASE公司签署技术合作协议。

12月25日，全省统一税收软件CDLTIS的主体模块在中山市地税局软件开发基地开发完成。

1998年

7月9日，广东省地税局杨楚潮副局长和马致远同志参加省人大常务会议，汇报了我省地税系统执行税收征管法的情况。

9月21日，经省地税局同意，顺德市地税局设置信息管理科，副科级建制。

10月31日，广东省地税局与中国科学院、联想集团合作开发的"广东地方税收征管信息系统GDLTIS"软件的系统功能开发完毕。

1999年

7月19日，"广东地方税收征管信息系统"顺利通过验收。

10月26日—11月31日，省地税局完成GDLTIS软件的3.0版本升级。

12月2日，省地税局印发《转发省政府关于我省各级社会保险费统一由地方税务机关征收的通知》（粤地税发〔1999〕290号）。

12月9日，省地税局上报给广东省政府《关于我省地方税收征管体制改革的报告》，受到王岐山副省长的肯定和表扬。

2000年

5月11日，省地税局在珠海市召开全省统一征管软件GDLTIS3.0现场会。

9月7日，省地税局信息中心实现与国家税务总局的专线联通。

10月底—11月上旬，省地税局向国家税务总局申请对"粤金税"工程进行立项，得到总局批准。

2001年

2月底，省地税局法规处与信息中心合作完成广东省地方税收法规库建库工作。

9月1日，经省地税局提请，省政府在省府迎宾厅举办新《税收征管法》讲座。

11月5日，国家税务总局批复同意省地税局提出的"大集中"信息化建设项目。

2002年

2月20日，国家税务总局党组副书记、副局长钱冠林在南海市专题听取广东地税信息化工作汇报。

2月25日，省地税局完成代省人大草拟的《关于完善地方税体系的建议》《关于在广东省进行社会保险费改税试点的建议》。

3月22日，省地税局举行广东省南海税务信息处理中心基建工程奠基仪式。

3月31日，省地税局完成广域网主干网扩容备份网络的建设项目。

5月1日，广东地税广域网建设胜利竣工。

8月30日，全省规范化建设库初步建成。

2003年

3月3日，省地税局确定IBM公司为"大集中"工程总监顾问服务商，选定中软网络技术股份有限公司作为征管系统开发商。

3月21日，省地税局举行与Sun公司项目合作签约仪式。

6月2日—6月5日，国家税务总局局长谢旭人到广东进行调研。

12月25日，中共中央政治局委员、广东省委书记张德江，广东省委常委、常务副省长钟阳胜和广东省委常委、广东省委秘书长肖志恒等领导到广东省国税局和广东省地税局调研税收工作。

2004年：

1月12日，"大集中"工程新一代税收征管信息系统在广州率先试点上线运行。

6月1日，广东省国税局和广东省地税局首次税务协作联席会议在广州召开。

2005年：

3月11日，省地税局印发《广东省地方税务系统税收管理员工作制度(试行》（粤地税发〔2005〕46号）。

7月13日，中共中央政治局委员、广东省委书记张德江，广东省委常委、省委秘书长肖志恒，广东省副省长游宁丰，广东省副省长宋海等省领导视察指导省地税局信息化"大集中"工程。

9月30日，总局决定在广东南海建设金税工程灾备中心。

2006年

8月1日，省ETS在潮州上线。

9月3日，执法责任制系统开发完成并投入试运行。

12月1日，多渠道网报系统在东莞全市上线，网上报税户数达到12 819户。

12月1日，税收分析系统在佛山全面上线。

12月5日—12月10日，国务院社会保险费管理体制调研组到我省调研。

2007年

1月12日，年所得12万元以上个人所得税申报管理系统在东莞市局试点运行，1月下旬在全省上线。

1月20日，江门率先启用我省 "大集中"社会保险费网报系统。

5月份，省地税局印发《广东省地方税务局非正常户管理办法（试行）》《广东省地方税务局注销税务登记管理办法（试行）》。

9月18日，省地税局印发《广东省地方税务局网上申报纳税管理办法》。

2007年，省地税局稽查局联合公安部门，共对6位欠税户法人代表采取13次阻止出境措施。

2008年

3月1日，全系统开始执行《关于印发全省地税征管业务流程重组意见的通知》。

3月份，省地税局实施完成"大集中"系统灾备二期建设。

6月19日，省地税局印发《广东省地方税务局税源分类管理暂行办法》（粤地税发〔2008〕112号）。

2009年

5月26日，省地税局下发《关于印发〈广东省地方税务局发票管理综合改革方案〉的通知》（粤地税发〔2009〕101号）。

7月1日，广东发票在线应用系统上线试运行。

7月1日，广东省启用新版地方税收发票。

8月1日，省地税局直属税务分局实行社会保险费地税全责征收。

2010年

2月9日，统一工作平台项目正式立项。

6月30日，省级价格调节基金正式纳入大集中系统上线征收。

12月31日，全省地税系统成立省、市、县三级评估办公室，组建专业评估队伍，推进纳税评估日常化。

2011年

4月18日，省地税局发布《广东省地方税务局信息系统运行维护管理办法（试行）》（粤地税发〔2011〕51号）和《关于全省地税系统开展涉税信息交换与共享工作情况的通报》（粤地税发〔2011〕71号）。

8月30日，顺德区地税局成立了全职能的大企业征收管理税务分局，开展大企业税收专业化管理试点改革。

9月8日，发票在线数据利用平台上线应用。

2012年

7月17日，省地税局立项建设广东地税电子办税服务厅项目。

9月1日，省地税局开展全省规模的打击"虚假"网络发票专项行动。

12月24日，广东地税税源管理平台在清远市局试点上线，28日在惠州、顺德上线。

2013年

1月4日，广东地税定点联系企业专业化管理信息系统正式上线运行。

7月3日—7月5日，省地税局启动全省"金税三期"系统初始化工作。

8月1日，"大集中"系统全省统一代征工会经费模块成功上线。

11月15日，省地税局出台《广东省地方税务局电子办税管理办法》（广东省地方税务局公告2013年第4号）。

2014年

3月，省地税局修改完善《广东省地方税务局税务行政处罚裁量基准（试行）》。

4月10日，广东地税绩效管理平台在省局机关上线应用。

5月15日，省地税局发布《广东省地方税务局土地增值税清算规程（暂行）》公告（广东省地方税务局公告2014年第3号）。

6月10日，省地税局发布《广东省地方税务局规范税务行政处罚裁量权实施办法》（广东省地方税务局公告2014年4号）。

7月28日，省地税局发布《广东省地方税务局关于发布〈广东省地方税务局个体工商户定期定额征收管理实施办法〉的公告》（广东省地方税务局2014年第5号公告）。

8月4日，省地税局发布《广东省地方税务局关于发布〈办理涉税事项业务规程（征管类）〉的公告》（广东省地方税务局2014年第6号公告）。

11月26日，全省地税启动"金税三期"系统本地特色软件双轨运行。

11月28日，"金税三期"系统优化版双轨运行工作在全省范围内全面铺开。

2015年

1月8日，"金税三期"应用系统优化版在广东地税正式上线。

1月20日，总局王军局长到广东调研指导"金税三期"应用系统优化版试点上线工作。

3月31日，省地税局在广州市（越秀区、南沙区）试点上线应用电子办税服务厅纯CA版。

6月3日，省地税局印发《关于全面试行〈全国税收征管规范（1.0版）〉的实施方案》（粤地税发〔2015〕48号）。

8月12日，"广东地税"微信公众号进驻"微信城市服务"和"广东发布"公众号。

8月28日，省地税局与省工商局、省质监局、省国税局联合发布《关于我省实施"三证合一""一照一码"改革的通告》。

11月10日，省地税局印发《广东省地方税务局税收信息系统业务保障管理办法（试行）》（粤地税发〔2015〕109号）。

11月25日，广东地税微信服务号荣获"智慧民生服务优秀案例"奖，获邀参加2015年世界互联网大会。

2016年

4月20日，省地税局与省国税局联合印发《关于深入贯彻〈国家税务局　地方税务局合作工作规范（2.0版）〉全面深化国地税合作的意见》（粤国税发〔2016〕92号）。

5月1日，全省营改增试点顺利推开。

6月29日，广东省电子税务局上线试运行。

7月12日，"广东省大企业税收服务与管理系统"上线启动。

9月13日，广东地税微信办税获广东省直单位第四届工作技能大赛暨市县机关工作技能邀请赛"工作创新"类第一名。

9月，广东地税规费监控分析管理平台在全省全面上线。

11月1日，我省全面实施个体工商户营业执照和税务登记证"两证整合"登记制度改革。

12月1日，我省地税全面实施办税事项全省通办，获时任广东省省长朱小丹同志批示表扬。

2017年

2月20日，广东地税业务保障平台上线运行。

3月，省地税局在广州市、佛山市试点设立用户体验设计中心。

5月12日，省地税局印发《关于开展"三同步"评价工作的通知》（粤地税办发〔2017〕34号）。

6月30日，省地税局印发《广东省地方税务局关于转变税收征管方式提高税收征管效能的实施方案》（粤地税发〔2017〕58号）。

6月30日，省地税局印发《广东省地方税务局纳税人分类分级管理实施办法》（粤地税发〔2017〕59号）。

8月28日，省地税局印发《广东省地方税务局关于开展不确定事项报告制度试点工作的通知》（粤地税函〔2017〕738号）。

9月29日，省地税局印发《广东省地方税务局实名办税工作方案》（粤地税发〔2017〕81号）。

11月17日，省地税局制订的残疾人个税减免主动服务应用实施方案被列为广东省政务信息系统整合共享试点应用项目并选送国务院。

12月6日，省地税局发布《广东省地方税务局自然人税收管理办法》（广东省地方税务局公告2017年第9号）。

2018年

1月2日，省地税局印发《广东省地方税务局信息化工作管理办法》（粤地税发〔2017〕116号）。

1月2日，省地税局印发《广东省地方税务局涉税事项事中事后管理办法（试行）》（粤地税发〔2017〕117号）。

1月4日，省地税局制定《广东省地方税务局2018—2020年信息化工作规划》（粤地税发〔2018〕1号）。